VENTE

DES 2, 3 ET 4 AVRIL 1914

COLLECTION DU MARQUIS DE TRAYNEL

Monnaies
Romaines

ET

Objets d'Art du XVIIe Siècle

FEUARDENT FRÈRES

4, Rue de Louvois, 4

PARIS

—

1914

MACON, PROTAT FRÈRES, IMPRIMEURS

Collection du Marquis De Traynel

MONNAIES ROMAINES

ET

Objets d'Art du XVIIe Siècle

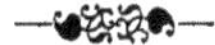

VENTE A L'HOTEL DROUOT

SALLE N° 9

Les 2, 3 et 4 Avril 1914, à 2 heures précises

Commissaire-priseur :

Me A. DESVOUGES. 26, rue Grange-Batelière

Experts :

MM. FEUARDENT Frères M. Henri LEMAN
4, rue de Louvois 37, rue Laffitte

EXPOSITION PUBLIQUE :

Le mercredi. 1er avril, de 1 h. 1/2 à 6 heures.

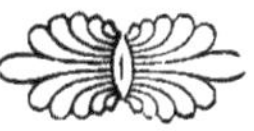

PARIS

—

1914

CONDITIONS DE LA VENTE

La vente sera faite au comptant.

Les acquéreurs paieront dix pour cent en sus des prix d'adjudication.

Les experts se réservent la faculté de réunir ou de diviser les lots.

Ils se chargent, aux conditions habituelles (5 % sur le chiffre des adjudications). des commissions qu'on voudra bien leur confier.

L'exposition mettant le public à même de se rendre compte de l'état et de la nature des objets, il ne sera admis aucune réclamation une fois l'adjudication prononcée.

Les numéros 611 à 615 se vendront *le 4 avril*. à 2 heures.

MÉDAILLES GRECQUES

1 **Marseille**. Tête d'Apollon. R̸. **MA** dans une roue. — .R, oboles, 15 p.

2 Tête de Diane. R̸. Lion. — .R, drachmes, 11 p.

3 **Nuceria Alfaterna**. Tête d'Apollon à g. R̸. Lég. osque : *nucekrinum ala*... Chien à dr. — PB. *beau et rare*.

4 **Thrace**. **ΚΟΣΩΝ**. Brutus l'ancien marchant entre deux licteurs. **BR** liés. R̸. Aigle tenant une couronne. — Or. B.
Planche I.

5 **Périnthe**. Buste de Septime Sévère. R̸. **ΦΙΛΑΔΕΛΦΕΙΑ ΠΕΡΙΝΘΙΩΝ ΝΕΩΚΟΡΩΝ**. Hercule combattant une femme anguipède. — Br. Méd. B.
Planche I.

6 Oponte, Histiée, Corinthe, Élis, Rhodes. — .R, 8 p.

7 **Milet et Smyrne**. Tête d'Antonin. R̸. Les deux Villes se donnant la main. — Br. Méd.

8 **Ptolémée II**. Tête du roi. R̸. Tête d'Isis. — PB.

MONNAIES ROMAINES

RÉPUBLIQUE

9 **Lingots**. Cinq morceaux d'*aes rude*, de poids variés.

10 **Romano-campaniennes**. Tête de Junon. ℞. Hercule et le Centaure. — GB, *triens* (Babelon, p. 18).

11 ℞. Taureau bondissant. *Triens* (p. 19, 16). — Quadrans au même type (19). — *Sextans* à la louve et au corbeau (20). — ℞. Cavalier (43). — 4 p.

12 **Aes libral**. Tête de Janus. ℞. Proue. *As* (51).

13 Tête de Jupiter à g. ; dessous, **S**. ℞. Proue. *Semis* (52).

14 Tête casquée à g. *Triens* (53). — 2 p.

15 **Latium**. Tête de femme à dr. ℞. Tête de femme à g. — Grand *as* libral (Garrucci, pl. 33, 2).

16 Pégase courant à g. ℞. Pégase courant à dr. — *Semis* (pl. 34, 2).

17 Tête de cheval à g. ℞. Tête de cheval à dr. — Br. (Garr., 34, 3).

18 Sangliers courant. *Quadrans* (pl. 34, 4). — Br. 2 p.

19 Têtes des Dioscures (pl. 34, 5). *Sextans*. — 3 p.

20 Grains d'orge (pl. 34, 6). *Once*.

21 Pétoncle sur chaque face (pl. 35, 1). — Osselet et massue (pl. 35, 6). — Glands (pl. 35, 7). — B. 8 p.

22 Tête de Janus imberbe. ℞. Tête de Mercure à g. — Grand *as* libral (pl. 36, 1).

23 Tête de femme à g. ℞. Tête de Rome à g. — *Semis* (pl. 36, 2). — 2 p.

24 Dauphin à dr. ℞. Foudre. — *Triens* (pl. 36, 3).

25 Main ouverte. R̸. Deux grains d'orge (pl. 36, 4). — Caducée.
   R̸. Pétoncle (pl. 36, 5). — B. 2 p.

26 Taureau à g. R̸. Roue à six rais. — *Semis* (pl. 40, 1).

27 Cheval à g. R̸. Roue. *Triens* (pl. 40, 2).

28 Abeille. R̸. Fleuron (pl. 43, 7). — Deux osselets (pl. 40, 10).
   — Grenouille. R̸. Ancre (pl. 56, 8). — B. 6 p.

29 **Rome**. *As* réduit (tête de Janus et proue) avec et sans symboles (Bab., p. 50). — B. 8 p.

30 *Triens* à la tête casquée de Rome ; *sextans* à la tête de Mercure
   et fractions diverses. — B. 11 p.

31 **Romano-campaniennes**. Lég. manque. Tête d'Apollon à g. R̸.
   Cheval courant et étoile (p. 11, 6). — Æ.

32 Tête de Janus imberbe. R̸. **ROMA**. Quadrige de Jupiter
   (p. 22, 24). — Æ, 2 p.

33 **Sans marque monétaire**. Tête casquée de Rome. R̸. **ROMA**.
   Les Dioscures à cheval (p. 39, 2). TB. — La même avec lég.
   en relief (2). — Sesterce (4). — 3 p.
   Planche I.

34 R̸. Bige de Victoire (6). B. — Victoire couronnant un trophée
   (9). — Æ, 3 p.

35 **Type des Dioscures**. Symboles divers : chouette, épi. — Æ,
   3 p. TB.

36 Sigles de noms propres, variées. — Æ, den. et quinaires, 5 p.
   B. et TB.
   Planche I.

37 Triens à la proue (p. 63). — MB. TB.

38 R̸. Diane dans un bige traîné par des cerfs (101). R̸. Rome
   assise entre deux vautours ; devant, la louve et les jumeaux
   (176). — Tête d'Apollon. R̸. Quadrige de Jupiter (226) et
   quinaire (227). — Æ, 4 p.

MONNAIES DES FAMILLES

39 Aburia (1. 6), Accoleia (1), Acilia (1. 4. 8). — Æ, 6 p. B.

40 Aelia (3), Aemilia (7. 8. 9. 10), Afrania (1). — Æ, 6 p. B. et TB.

41 Annia (2), Antestia (1. 9), Antia (1). — Æ, 4 p.

42 Antonia (1. 42 quin. 80). — Tête d'Ammon (98). — Æ, 4 p.

43 — *Deniers légionnaires* : cohortes des speculatores (103). — Æ.

44 — Légions 2, 3. 4, 5, 6, 12 et 12 *antiqua*. — Æ, 8 p.

45 — Légions 13, 14. 15, 16, 17, 18, 19, 20, 21, 22 et 23. — Æ, 11 p.

46 Appuleia (1), Aquillia (1. 2), Atilia (1. 8. 9), Aurelia (20. 21). — Æ, 8 p. B. et TB.

47 Baebia (12), Caecilia (21. 28. 38. 44. 45. 47), Caesia (1). — Æ, 8 p.

48 Calidia (1), Calpurnia (2. 5. 11. 26 var.), Carisia (1. 2. 4. 10). — Æ, 13 p.

49 Cassia (1. 6. 7. 8. 9. 10. 18), Cipia (1). — Æ, 9 p.

50 Claudia (1. 5. 11. 13. 15. 17). — Æ, 7 p. B. et TB.
Planche I.

51 Cloulia (1. 2), Clovia (11), Coelia (2. 3. 7), Considia (2. 6. 7), Cordia (1. 3). — Æ et Br. 13 p. B. et TB.

52 Cornelia (1. 17. 19 (incus), 24). — Æ, 9 p. TB.

53 Cornelia (25. 29. 50. 54), Cosconia (1), Crepusia (1. 3). — Æ, 8 p.

54 Cupiennia (1), Curiatia (1. 2), Curtia (2), Decimia (1), Didia (1), Domitia (1. 14. 16), Egnatuleia (1). — Æ, 11 p. B.

55 Fabia (1. 6. 11. 17), Farsuleia (1), Flaminia (1), Fonteia (1. 7. 9). — Æ, 9 p.

56 Fufia (1), Fulvia (1), Fundania (1. 2), Furia (13. 18. 19. 23), Gellia (1), Herennia (1). — Æ, 11 p. B.

57 Hosidia (1. 2), Hostilia (4. 5). — Æ, 4 p. TB.

58 Julia (4. 5. 9. 10. 105. 117. 154. 156. 164). — Æ, 12 p. B.
et TB.

Planche I.

59 Junia (1. 8. 15. 18. 30. 31). — Æ, 7 p. B.

60 Licinia (7. 11. 16. 24), Lollia (2). — Æ, 5 p.

61 Lucilia (1), Lucretia (1. 2. 3), Lutatia (2), Maenia (7), Maïania
(1), Mallia (1. 2). — Æ, 11 p. B. et TB.

62 Mamilia (6), Manlia (4. 7), Marcia (1. 8. 11. 12. 16. 24. 28).
— Æ, 12 p.

63 Maria (9), Memmia (1. 2. 8. 9. 10), Minacia (1. 3. 9. 19).
Mussidia (6). — Æ, 11 p. B. et TB.

Planche I.

64 Naevia (6), Neria (1), Nonia (1). Norbana (2), Opimia (12.
16), Papia (1. 2). — Æ, 10 p. TB.

65 Papiria (6), Petillia (3), Pinaria (1), Plaetoria (3. 4), Plancia
(1), Plautia (8. 12. 13. 15). — Æ, 10 p. TB.

66 Plutia (1), Poblicia (1. 9), Pompeia (1. 5). — Æ, 5 p.

67 Tête de Pompée entre l'aiguière et le lituus. R/. **PRAEF·CLAS·
ET O... RITIM**. Neptune et les frères de Catane. — Æ (27).

68 Pomponia (7. 11), Porcia (1. 3. 4. 5. 7. 8. 11). — Æ, 10 p.

69 Postumia (1. 4. 7. 8. 9. 10. 11. 13. 14). — Æ, 10 p.

70 Procilia (1. 2). Quinctia (2. 6), Renia (1), Roscia (1 et var.),
Rubria (1. 3). — Æ, 10 p. B.

71 Rustia (1), Rutilia, Satriena, Saufeia, Scribonia (1. 8), Sempronia (2), Sentia, Sergia. — Æ, 9 p.

72 Servilia (1. 5. 13. 14), Sicinia (5). Spurilia (1). Sulpicia (1. 6),
Terentia (10). — Æ, 10 p.

73 Thoria, Titia (1. 2. 3), Tituria (1. 4. 5. 6), Trebania, Tullia.
— Æ, 12 p.

74 Valeria (7. 11. 12. 17), Vargunteia, Veturia, Vibia (1. 2). —
Æ, 9 p.

75 Vibia (3. 16. 17. 18. 24. 26). Voltcia (1. 4). — Æ, 9 p.

EMPIRE

76 **Pompée. MAG·PIVS·IMP·ITER.** Tête de Pompée, à dr., entre
l'aiguière et le bâton d'augure. ℞. ...**CLAS·ET·ORÆ·
MARIT·EX·S·C.** Neptune debout à g. entre les frères de
Catane portant leurs parents sur leurs épaules. — Æ (Cohen,
n. 17). TB.
Planche I.

77 *Nasidia.* **NEPTVNI.** Tête de Pompée, à dr., entre un dauphin
et un trident. ℞. **Q·NASIDIVS.** Galère à la voile ; étoile dans
le champ. — Æ (20).

78 **Jules César.** *Aemilia.* **CAESAR DICT PERPE TVO.** Tête laurée de César à dr. *Contremarque.* ℞. **L BVCA.** Caducée et
faisceaux en sautoir ; globe, mains jointes et hache. Æ
(25). — *Mettia.* ℞. **M·ME**.... Vénus victorieuse à g. Æ
(34). — 2 p.

79 *Sepullia.* Même avers ; lég. complète. ℞. ...**LLIVS MACER.**
Vénus nicéphore debout à g. — Æ (38).

80 Même lég., complète. Tête voilée et laurée. ℞. **P·SEPVLLIVS.
MACER.** Même sujet. — Æ (39).

81 Même avers. ℞. Même lég. Vénus nicéphore appuyée sur un
sceptre dont le bas forme une étoile. — Æ (40). B.

82 *Sempronia.* **SC.** Tête laurée de César. ℞. **TI·SEMPRONIVS.
GRACCVS Q·DESIG.** Enseigne, aigle, charrue et sceptre.
— Æ (47). B.

83 **Brutus. COSTA LEG.** Tête de femme. ℞. **BRVTVS IMP.** Trophée. — Æ (4). TB.
Planche I.

84 **L·SESTI·PRO·Q.** Tête voilée. ℞. **Q CAEPIO BRVTVS PRO-
COS.** Trépied. — Æ (10). FDC.
Planche I.

85 **Sextus Pompée.** ...**VS IMP IT**... Tête de Neptune. ℞. **CLAS
ET ORÆ M**.... Trophée naval. — Æ (1). TB.

86 **Lépide et Antoine.** ....**MP.** Instruments de sacrifice. ℞.
M·ANTON·IMP. Lituus, aiguière et corbeau. — Æ (2).

87 **Lépide et Octave.** LEPIDVS·PON T · M AX III·V·R·P·C· Tête
nue. ℞. CAESAR·IMP·III·VIR·R·P·C· Tête nue. — Æ (2).
Rare.

88 **Marc-Antoine.** Tête nue. ℞. ANTONIVS AVG·IMP·III en
deux lignes. — Æ (2). B.

89 **M·ANTONI·IMP.** Tête barbue. ℞. III·VIR·R·P·C· Buste du
Soleil dans un temple. — Æ (12). — 2 p.

90 ℞. IMP·TER· Trophée. — Æ (17).

91 **Antoine et Octave.** Denier aux deux têtes nues. — Æ (2).

92 *Barbatia.* M·ANT·IMP·AVG·III·VIR·R·P·C·M·BARBAT·Q·P·
Tête nue. ℞. CAESAR·IMP·PONT·III·VIR·R·P·C· Tête
nue. — Æ (8). B. 2 p.

93 *Gellia.* La même avec L·GELL·Q·P· ; aiguière et bâton d'augure derrière les têtes. — Æ (10). TB.

Planche I.

94 *Sepullia.* Tête voilée. ℞. Cavalier. — Æ (74).

95 **Fulvie.** III·VIR·R·P·C· Buste ailé de Victoire. ℞. A·NTONI
IMP et A·XLI· Lion à dr. — Æ (3), quinaire.

96 **Antoine et Octavie.** M·ANTONIVS IMP·COS·DESIG·ITER·
ET·TERT· Tête à dr. dans une couronne de lierre. ℞. III·
VIR R·P·C· Tête d'Octavie sur la ciste mystique. — Médail-
lon. Æ (2).

97 **Lucius Antoine et Marc-Antoine.** L·ANTONIVS·COS· Tête
nue. ℞. M·ANT·IMP·AVG·III·VIR·R·P·C·M·NERVA·
PROQ·P· Tête nue. — Æ (2). TB.

Planche I.

98 **Auguste.** CAESAR AVGVSTVS DIVI·F·PATER PATRIAE· Tête
laurée. ℞. C·L·CAESARES·AVGVSTI·F·COS·DESIG·
PRINC·IVVENT· Les deux Césars debout avec hastes et boucliers. — Or (42).

Planche I.

99 Tête nue à dr. ℞. CAESAR·DIVI·F· Auguste à cheval, galopant à g. — Or (73). TB.

Planche I.

100 IMP·CAESAR· Tête nue. ℞. Dans une couronne de laurier :

AVGVSTVS. Capricorne chargé d'une corne d'abondance. — Médaillon. Ж (16). B.

Planche I.

101 Avers semblable. ℞. AVGVSTVS. Sphinx assis à dr. — Médaillon. Ж (31). TB.

Planche I.

102 Même avers. ℞. AVGVSTVS. Six épis en faisceau. — Médaillon. Ж (32). TB.

103 Même avers. ℞. AVGVSTVS. Autel d'Éphèse. — Médaillon. Ж (33). B.

104 IMP·IX·TR·PO·V. Tête nue. ℞. COM ASIA·E. Temple hexastyle. — Médaillon. Ж (86). B.

105 IMP CAESAR DIVI F·COS·VI·LIBERTATIS P·R·VINDEX. Tête laurée. ℞. Dans une couronne de laurier : PAX. Femme à g. tenant le caducée. — Médaillon. Ж (218). B.

106 CAESAR IMP·VII. Tête nue. ℞. ASIA RECEPTA. Entre deux serpents, Victoire sur la ciste mystique. — Ж (14). Quinaire. B.

107 Tête nue. ℞. AVGVSTVS. Capricorne (21). — Tête laurée. ℞. C·CAES·AVGVS·F. Caius César à cheval; derrière lui, trois enseignes (40). — Tête laurée. ℞. Caius et Lucius debout (type du n° 98). Ж (43). — 5 p.

108 Tête laurée. ℞. CAESAR AVGVSTVS. Deux lauriers. — Ж (47).

109 CAESAR III·VIR·R·P·C. Tête nue. ℞. CÆSAR·DIC·PER sur une chaise curule. — Ж (55). B. et TB. — 2 p.

110 Tête nue à g. ℞. CAESAR DIVI F. Victoire sur un globe. Ж (64). — Tête à dr. ℞. Le même. Ж (65). TB. — 2 p.

111 Tête barbue d'Octave triumvir. ℞. COS ITER ET TER DESIG. Instruments de sacrifice. — Ж (91).

112 AVGVSTVS DIVI F. Tête nue. ℞. IMP X. Auguste assis sur une estrade; devant, deux soldats qui lui présentent des branches de laurier. — Ж (133).

113 Même avers. ℞. IMP X et ACT. Apollon citharède. Ж (144). — ℞. IMP·XI. Capricorne (147). Ж. — 3 p.

114 **AVGVSTVS DIVI F**. Tête nue à g. ℞. **IMP.X II**. Taureau
cornupète à dr. — Æ (157).

115 **CAESARI AVGVSTO**. Tête laurée. ℞. **MAR.VLT**. Temple
rond. — Æ (190).

116 **CAESAR AVGVSTVS**. Tête nue. ℞. **OB CIVIS SERVATOS**
dans une couronne. — Æ (208). - 2 p.

117 ...**AVGVSTVS**. ℞. Même lég. en dehors de la couronne. —
Æ (210).

118 **CAESA[R [A VGVSTVS**. Tête nue à g. ℞. **SIGNIS RECEP-
TIS**. Quirinus debout tenant une aigle légionnaire. — Æ
(262).

119 **CAESAR AVGVSTVS**. Tête nue. ℞. Même lég. avec **S.P.Q.R**.
Bouclier avec **CL.V** entre deux enseignes. — Æ (265). TB.
Planche II.

120 **CAESARI AVGVSTO**. Tête laurée. ℞. **S.P.Q.R**. Quadrige.
— Æ (272).

121 Même lég. Tête laurée à g. ℞. **S.P.Q.R**. Char dans un
temple rond. — Æ (282).

122 **S.P.Q.R.CAESARI AVGVSTO**. Tête nue. ℞. **VOT.P.SVSC.
PRO.SAL.ET.RED.I.O.M.SACR**. Mars tenant un vexil-
lum. — Æ (325). TB. *Rare.*
Planche II.

123 *Maria.* **CAESAR AVGVSTVS**. Tête nue. ℞. **T VRPILIANVS**...
Tarpeia sous les boucliers. — Æ (494). B.
Planche II.

124 *Vipsania.* **IMP...DIVI IVLI F**. Tête nue. ℞. **M.AGRIPPA.
COS.DESIG** en deux lignes. — Æ (545). TB.

125 **DIVO AVGVSTO**. Tête radiée. ℞. **CONSECRATIO**. Aigle. —
Bil. frappé sous Gallien (n. 577). TB.

126 Autre, au type de l'autel allumé (n. 578). TB.

127 **DIVVS AVGVSTVS.SC**. Tête radiée, à g. ℞. **CONSENSV
SENAT**. etc. Auguste assis à g. MB (87). — **DIVVS
AVGVSTVS PATER**. Même tête. ℞. **PROVIDENT**. Autel.
MB (228). — **CAESAR AVGVSTVS DIVI F PATER
PATRIAE**. Tête laurée. ℞. **ROM ET AVG**. Autel de Lyon.
GB (236). — 3 p.

128 **CAESAR PONT MAX**. Tête laurée. ℞. Le même. MB(240).
— Autre exempl. **CAESAR AVGVSTVS DIVI F PATER
PATRIAE**. Tête laurée. ℞. Le même. MB (237). —
.... **VGVSTVS PATER**. Tête radiée à g., avec l'étoile. ℞.
SC. Livie assise. MB (244). — 4 p.

129 Même lég., plus complète. Tête radiée à g. ℞. **SC**. Aigle sur
le globe. MB (247). — Même avers. ℞. **SC**. Foudre ailé.
MB (249). — Même avers. ℞. **SC** dans une couronne.
MB (252). — 3 p.

130 **DIVO AVGVSTO S·P·Q·R**. Dans une couronne : **OB CIVES
SER**. ℞. **TI CAESAR DIVI AVG F AVGVST PM TR POT
XXXVII**. Au milieu, **SC**. GB (303). TB.
Planche I.

131 Même lég. Auguste à g. dans un quadrige d'éléphants. ℞. Le
même, avec **TR POT...III**. GB (305). — **DIVVS AV-
GVSTVS PATER**. Auguste radié assis à g. et sacrifiant sur
un trépied. ℞. Le même avec **TR POT XXIII**. GB (310). —
2 p.

132 *Asinia*. **CAESAR AVGVSTVS TRIBVNIC POTEST**. Tête nue.
℞. **C·ASINIVS·GALLVS·III·VIR·A·A·A·F·F**. Au milieu,
SC. — MB (369).

133 *Calpurnia*. Même avers. ℞. **CN PISO [CN F III VIR....AFF**.
Au milieu, **SC**. MB de Coh. 377 ; revers fruste. —
Gallia. **OB CIVIS SERVA TOS]**. Couronne et branches de
laurier. ℞. **C·GALLIVS·C·F·LVPERCVS·III·VIR·A·A·A·
F·F**. Au milieu, **SC**. GB (434). — *Luria*. Tête nue à
g. ℞. **P·LVRIVS·AGRIPPA·III·VIR·A·A·A·F·F**. Au milieu,
SC. MB (446). — 3 p.

134 *Salvia*. Tête nue. ℞. **M·SALVIVS·OTHO III·VIR·A·A·A·
F·F**. Au milieu, **SC**. MB (515). — *Sanquinia*. **AVGVS-
TVS TRIBVNIC POTEST** dans une couronne. ℞. **M·SAN·
QVINIVS·Q·F·A·A·A·F·F**. Au milieu, **SC**. MB (521).
TB. — 2 p.

135 *Restitution de Titus*. **DIVVS AVGVSTVS PATER**. Tête radiée.
℞. **IMP·T·VESP·AVG·REST**. Aigle sur le globe. — MB
(550). TB.
Planche I.

136 *Restitution de Nerva*. **DIVVS AVGVSTVS**. Tête laurée. ℞.

IMP NERVA CAESAR AVGVSTVS REST. Au milieu, **SC**.
— GB (570).

137 **Livie. PIETAS**. Tête de Livie, voilée et diadémée. ℞. **DRV-
SVS CAESAR TI.AVGVSTI F.TR.POT.ITER**. Au milieu,
SC (MB, 1).

138 **IVSTITIA**. Même tête, diadémée. ℞. **TI.CAESAR.DIVI.AVG.F:
AVG.PM.TR.POT.XXIIII**. Au milieu, **SC**. — MB (4).

139 **Agrippa. M.AGRIPPA.L.F.COS.III**. Tête à g. avec la couronne rostrale. ℞. **SC**. Neptune à g. MB. (3). — *Restitution de Titus*. Même avers (lég. fruste). ℞. **IMP T VESP
AVG REST**. Neptune et **SC**. MB (6). — 5 p.

140 **Agrippa et Auguste. IMP DIVI F**. Têtes adossées. ℞. **COL
NEM**. Crocodile et palme. MB (7). — 4 exempl.

141 Variété avec **PP** (8). — 2 exempl.

142 **Caius César. CAESAR**. Tête nue à dr. dans une couronne. ℞.
AVGVST. Candélabre dans une couronne. — Æ (2). B.
Planche II.

143 **Tibère. TI.CAESAR DIVI AVG F.AVGVSTVS**. Tête laurée.
℞. **PONTIF MAXIM**. Livie assise. — Or (15). TB.
Planche II.

144 **TI.DIVI.F.AVGVSTVS**. Même tête. ℞. **TR POT XX**. Victoire
assise, tenant un diadème. — Or (50) quinaire. TB.
Planche II.

145 ℞. **PONTIF MAXIM**. Livie assise. — Æ (16). — 3 exempl.

146 Tête laurée à g. ℞. **CLEMENTIAE SC**. Buste de face dans une
bordure. — MB (4). TB.
Planche II.

147 La même avec **MODERATIONI**. — MB (5).

148 Tête nue à g. ℞. Livie assise; 17ᵐᵉ tribunat (18). — Tête
laurée à g. ℞. Caducée; 37ᵐᵉ tribunat (22 var.). — Tête
nue à dr. ℞. **SC** dans le champ; 12ᵐᵉ tribunat (27). —
Tête nue à g. ℞. **ROM ET AVG**. Autel de Lyon. MB de
Coh. 28. — La même avec la tête laurée à dr. et **IMPERAT
VII** (37). — MB. 7 p.

149 *Restitution de Domitien*. Tête nue à g. ℟. **IMP D CAES DIVI VESP F AVG REST**. Au milieu, **SC**. — MB (76).

150 *Ilici* (Espagne). Tête à g. ℟. **[M]IVLIVS SETTAL L SESTI CELER**.... Autel à la lég. **SAL AVG**; autour **C·I·I·A**. — MB. (141).

151 **Tibère, Livie et Drusus.** *Tarraco* (Espagne). Tête à dr. ℟. ...**AVGVSTA DRVSVS C**... Bustes de Drusus et Livie en regard. — MB (2), fruste.

152 **Drusus** (*fils de Tibère*). Deux têtes d'enfant dans deux cornes d'abondance en sautoir; au milieu, un caducée. ℟. **[D]RVSVS·CAESAR·TI·AVG·F·DIVI·AVG·N·PO**... Au milieu, **SC**. — GB (1).

153 Tête nue à g. ℟. **PONTIF** etc. Au milieu, **SC**. — MB (2). B.

154 *Restitution de Titus*. Tête à g. ℟. **IMP·T·CAES·DIVI·VESP· F·AVG·RESTITVIT**. Au milieu, **SC**. — MB (6 var.). TB.

155 **Néron Drusus.** Tête laurée à g. ℟. **DE GERM**. Arc de triomphe avec statue équestre. — Æ (2). B.

Planche II.

156 Tête nue à g. ℟. **TI·CLAVDIVS CAESAR AVG PM TR P IMP PP**. Claude assis à g. sur une chaise curule entourée d'armes. — GB (8). 2 p.

157 **Antonia. ANTONIA AVGVSTA.** Tête couronnée d'épis. ℟. **SACERDOS DIVI AVGVSTI.** Deux flambeaux droits. — Or (4). B.

Planche II.

158 La même en Æ (5). B.

Planche II.

159 Buste drapé. ℟. **TI·CLAVDIVS CAESAR** etc. Claude debout à g., en costume de prêtre. MB (6). — 2 exempl.

160 **Germanicus.** Tête nue à g. ℟. **C·CAESAR·AVG·GERMANI- CVS·PON·M·TR·POT**. Au milieu, **SC**. — MB (1). TB.

Planche II.

161 Même tête. ℟. **C·CAESAR·DIVI·AVG·PRON** etc. Au milieu, **SC**. — MB (4).

162 **GERMANICVS CAESAR.** Le César dans un quadrige au pas.

℞. SIGNIS RECEPT.DEVICTIS.GERM.Germanicus debout à g. MB (7). TB. — Autre exemple, un peu varié. — Tête nue à g. ℞. VESTA. Vesta assise à g. MB (11). — 3 p.

163 **Germanicus et Caligula.** Denier aux deux têtes, celle de Caligula laurée. — Æ (2). TB.

Planche II.

164 **Agrippine mère.** Buste drapé, à dr. ℞. SPQR MEMORIAE AGRIPPINAE. Char à g. attelé de deux mules. — GB (1).

165 Même buste. ℞. TI CLAVDIVS CAESAR AVG etc. Au milieu, SC. - GB (3).

166 **Agrippine mère et Caligula.** Denier aux deux têtes. — Æ (2). TB.

Planche II.

167 **Néron et Drusus** (son frère). NERO ET DRVSVS CAESARES. Les deux Césars à cheval galopant à dr. ℞. C.CAESAR AVG etc. Au milieu, SC. MB (1). — Autre, avec TR.P.III P.P. - MB (2 *var.*) TB. — 2 p.

168 **Caligula.** Tête laurée. ℞. SPQR P.P.OB C.S dans une couronne. — Æ (21).

169 Tête laurée à g. ℞. ADLOCVT.COH. Caligula sur une estrade, à g., haranguant les prétoriens. — GB (2).

170 Même tête. ℞. SPQR P.P.OB CIVES SERVATOS dans une couronne de chêne. — GB (24).

171 Tête nue à g. ℞. VESTA. Vesta assise à g. — MB (27). — 2 exempl.

172 **Caligula et Auguste.** Denier aux deux têtes, celle d'Auguste sans légende et entre deux étoiles. — Æ (9). TB.

Planche II.

173 **Claude.** TI.CLAVD.CAESAR AVG.P.M.TR.P. Tête laurée. ℞. CONSTANTIAE AVGVSTI. Femme assise à g. — Or (4). B.

Planche II.

174 Même lég. avec TR.P.IIII. Tête laurée. ℞. IMPER.RECEPT écrit sur le mur du camp prétorien. — Or (43). TB.

Planche II.

175 Même lég. et même date. Tête laurée. ℞. PACI AVGVSTAE.

La Paix ailée, debout à dr. : devant, un serpent. — Or (55).
B.

Planche II.

176 R⁄. le même. — Ɍ (58. 68). — 2 p.

177 R⁄. **SPQR P·P·OB C·S** dans une couronne. — Ɍ (87).

178 Tête nue à g. R⁄. **CERES AVGV...** Cérès assise à g. (1). —
Tête nue à g. R⁄. **CONSTANTIAE AVGVSTI**. Rome debout
à g. (14). — MB. 2 p.

179 Tête laurée à dr. R⁄. **EX S·C·OB CIVES SERVATOS** dans une
couronne. — GB (39). TB.

Planche II.

180 Tête nue à g. R⁄. **LIBERTAS AVGVSTA**. La Liberté tenant un
bonnet d'affranchi. — MB (47). TB.

Planche II.

181 Même tête. R⁄. **SC**. Minerve combattant. MB (84). — Tête
laurée à dr. R⁄. **SPES AVGVSTA**. L'Espérance à g. GB (85).
— 4 p.

182 **Claude et Néron. TI·CLAVD·CAESAR AVG·GERM PM TRIB.
POT·PP**. Tête laurée. R⁄. **NERO CLAVD·CAES·DRVSVS
GERM·PRINC·IVVENT**. Buste drapé, à g. — Or (4).

Planche III.

183 Mêmes types et légendes. — Ɍ (5). TB.

184 **Néron. NERO CAESAR AVGVSTVS**. Tête laurée. R⁄. **IVPPI-
TER CVSTOS**. Jupiter assis à g. — Or (118). TB.

Planche III.

185 Même avers. R⁄. **IVPPITER LIBERATOR**. Jupiter assis à g.,
tenant le sceptre et la foudre. — Or (124, *d'après Vaillant et
Beger*). TB.

Planche III.

186 **NERO CAESAR AVG·IMP**. Tête nue. R⁄. **PONTIF·MAX·TR.
P·VII·COS·IIII·P·P**. Cérès debout à g. **EX SC**. — Or (217).

187 **IMP·NERO CAESAR AVGVSTVS**. Tête laurée. R⁄. **SALVS**.
La Santé assise à g. — Or (317).

Planche III.

188 R⁄. **CONCORDIA AVGVSTA**. La Concorde assise à g. — Ɍ
(67). B.

189 Buste jeune, drapé, à dr. ℞. Sur un bouclier : **EQVESTER ORDO PRINCIPI IVVENT.** — Æ (97). TB.

190 Tête laurée. ℞. Jupiter *custos* assis à g. — Æ (119). TB.

191 Tête nue. ℞. [PONTIF]MAX·TR·P·VII·COS·IIII·PP. Cérès debout à g. **EX SC.** — Æ (218). — B.

192 Même tête. ℞. **PONTIF·MAX·TR·P·X** etc. Mars debout à g. **EX SC.** (233). — Tête laurée. ℞. La Santé assise à g. (314). — Æ, 2 p.

193 Même tête. ℞. Victoire assise à dr. sur un globe. — Æ (352) quinaire.
Planche III.

194 Tête nue à g. ℞. **ARA PACIS.** Autel. — MB (30 et 31). — 2 exempl. B.

195 Tête laurée à g. ℞. **DECVRSIO.** Deux cavaliers galopant à dr. — GB (95). *Très jolie pièce, patine verte.*
Planche II.

196 Tête nue à dr. ℞. **GENIO AVGVSTI.** Génie sacrifiant. — MB (103). — 2 exempl.

197 Tête radiée à dr. ℞. [M AC·[AVG. Édifice à deux étages. — MB (127). TB.

198 Tête laurée à dr. ℞. **PACE P·R·VBIQ·PARTA** etc. Temple de Janus. MB (171). — Variante. MB (légende du n° 175). — Tête nue à g. ℞. **PONTIF MAX** etc. Apollon citharède à dr. MB (246). — Tête laurée. ℞. **ROMA.** Rome assise à g. GB (270). — Variante. GB (273. 274). — 6 p.

199 Mêmes types. — GB (274). — B.
Planche II.

200 Variante. GB (276). — Variante. GB (277). — 2 p.

201 Variante. — GB (278). TB.

202 Mêmes types, tête radiée. MB (280), 2 exempl. variés. TB.

203 ℞. **SC.** Victoire à g. tenant un bouclier aux sigles **SPQR.** — MB (288. 289. 292. 299. 302). — 7 exempl.

204 Tête laurée à dr. ℞. **SC.** Arc de triomple surmonté d'un quadrige. — GB (307).

205 ℞. **SECVRITAS AVGVSTI.** Femme assise à dr. MB (321. 323).

— R⁀. **VICTORIA AVGVSTI**. Victoire à g. avec couronne et palme. MB (344. 3 (6). — 4 p.

206 **Galba. IMP·SER·GALBA CAESAR A|VG|**. Tête laurée. R⁀. **DIVA [AVG]VSTA**. Femme debout à g. avec sceptre et patère. — Æ (55). TB.

Planche III.

207 R⁀. **HISPANIA**. Femme debout à g. tenant des armes et des épis (83). — R⁀. **IMP**. Galba à cheval (95). — Æ, 2 p.

208 R⁀. **[SALVS G EN HVMANI**. Femme à g., sacrifiant. — Æ (238). TB.

209 R⁀. **VICTORIA GALBAE AVG**. Victoire sur le globe. — Æ (317) quinaire. B.

Planche III.

210 **VESTA P·R·QVIRITIVM**. Buste voilé de Vesta tenant un flambeau. R⁀. **I·O·M AX| CAPITOL...** Jupiter assis à g. dans un temple. .R (368). B.

Planche III.

211 **SALVS GENERIS HVMANI**. Victoire sur un globe. R⁀. **SPQR** dans une couronne. — Æ (421). (*Fourré*)

212 R⁀. **HONOS ET VIRTVS**. La Valeur et l'Honneur debout et affrontés. GB (89. 91). — R⁀. Liberté publique. MB (120 var.). — 3 p.

213 Tête laurée à g. R⁀. Le même. — GB (110). B.

214 Variante. — GB (130). B.

Planche III.

215 R⁀. La Paix. MB (146). — R⁀. **SC**. Victoire allant à g., et tenant le Palladium. GB (262). — R⁀. Aigle légionnaire entre deux enseignes. MB (267). — 3 p.

216 R⁀. **SPQR OB CIV·SER** dans une couronne. GB (289). — Variante. GB (302). — 2 p.

217 **Othon. IMP OTHO CAESAR AVG TR P**. Tête nue. R⁀. **PONT MA[X].** L'Abondance debout. — Æ (11). 2 p.

218 R⁀. **SECVRITAS P·R·** La Sécurité debout à g. — Æ (15). TB.

Planche III.

219 Autre exemplaire. ℞. **SECVRI**····

220 **Vitellius.** A·**VITELLIVS GERM·IMP·AVG·TR·P**. Tête laurée. ℞. **CONCORDIA P·R**. Femme assise à g. (18). — Variante avec **GERMAN·IMP·TR·P**. (20). — Variante avec **GERMA-NICVS IMP.** (21). — ℞. **FIDES EXERCITVV M**· Mains jointes. (31). — Æ 4 p.

221 ℞. **LIBER TAS RESTITVTA**. La Liberté debout (48). — ℞. [**P ONT MAXIM**. Vesta assise (72). — ℞. **VICTORIA AV-GVSTI**. Victoire à g. tenant un bouclier (99). — ℞. **XV VIR SACR**... Trépied (116), fruste. — Æ 4 p.

222 **Vespasien. IMP·CAESAR VESPASIANVS AVG**· Tête laurée. ℞. **VESTA**. Temple et trois figurines. — Or (581).

Planche III.

223 **IMP·CAES·VESP·AVG·P·M·COS·IIII**· Tête laurée. ℞. Sans légende. Palmier entre l'empereur et une captive juive. — Or (644).

Planche III.

224 ℞. **ANNONA AVG**· Femme assise à g. (28). -- ℞. **AVGVR TRI·POT**· Instruments de sacrifice (45) B. -- ℞. **COS·ITER·TR·POT**. L'Équité debout à g., tenant le sceptre et la balance. — ℞. **COS·I TE|R·TR·POT**· La Sécurité assise à g., tenant un caducée et des épis. — ℞. **C O|S V**· Deux lauriers. (110). Æ. 6 p.

225 ℞. **COS·VII**· Aigle éployée (121). TL. — ℞. **COS·VIII**· Quirinus debout (125). TB. ℞. **COS·VIII**· Deux bœufs à g. (135). — ℞. **IMP·XIX**· Boisseau (215 et 216). TB. — Æ 5 p.

226 ℞. **IVDAEA**· La Judée assise devant un trophée (226). — ℞. Caducée (361-62). — ℞. Femme assise à g. tenant un rameau (366-67, 371). - Æ 8 p.

227 ℞. La Santé assise (431). TB. — ℞. **SC** sur un bouclier soutenu par deux capricornes (497) : 2 p. dont l'une B. — ℞. **TITVS ET D··ARES PRIN IVEN** (*sic*). Les deux Césars assis à g. (542). — ℞. Cérès assise à g. (550). TB. — ℞. Vesta assise à g. (561). — Æ 6 p.

228 ℞. L'Équité. — MB (6).

229 ℞. **CAES·AVG·F·DES·IMP·AVG·F·COS·DES·IT**. Titus et Domitien debout. — GB (46). *Rare.*

230 ℞. Concorde assise (71). — Félicité publique (151. 152. 154). — Foi publique (165. 166). — Fortune *redux* (179). — MB, 7 p.

231 ℞. **FORTVNAE REDVCI**. Femme debout à g., tenant le gouvernail et la corne d'abondance. GB (188 var.). — ℞. **PAX P·ROMANI**. La Paix debout à g. GB (338). — ℞. Caducée entre deux cornes d'abondance. MB (376). — ℞. **ROMA RESVRGES**. L'empereur relevant une femme agenouillée. GB (425 avec **COS·III**). — ℞. **SC**. L'Espérance. MB (453). — 5 p.

232 **DIVVS AVGVSTVS VESPASIANVS**. Tête laurée. ℞. Même type. GB (461). B. — ℞. **SC**. Aigle sur un globe. MB. (480). — 2 p.

233 **Titus**. **T·CAESAR VESPASIANVS**. Tête laurée. ℞. **ANNONA AVG**. Femme assise à g. — Or (16).

Planche IV.

234 Mêmes types (17). — ℞. **COS·VI**. Quirinus debout à g. (65). — **IMP·XIII**. Truie à g. avec ses petits (104). — ℞. Vénus victorieuse (286). — ℞. Capricorne (294). — ℞. Dauphin autour d'une ancre (309). — ℞. Foudre sur un trône (314. 316). — ℞. Couronne sur une chaise curule (318). — Æ 10 p.

235 ℞. **VICTORIA AVG**. Victoire debout à dr. Æ (356). Quinaire. B. — ℞. **VICTORIA AVGVST**. Victoire assise à g. Æ (377 var.). Quinaire. — 2 p.

236 *Restitution de Gallien*. **DIVO TITO**. Tête radiée. ℞. **CONSECRATIO**. Aigle. — Bil. (404). B.

237 ℞. Éternité (12). — ℞. Cérès auguste (34). — ℞. Félicité publique (82). — ℞. **IVDAEA CAPTA**. La Judée assise sous un palmier (117). — MB, 4 p.

238 ℞. **PAX AVGVS[TA]**. La Paix debout à g. MB (136). B. — ℞. **SC**. L'Espérance debout à g. GB (214. 219. 222). — 4 p.

239 ℞. Caducée entre deux cornes d'abondance. MB (326). —

R/. **VICTORIA NAVALIS**. Victoire à dr. MB (387). — R/. **VICTORIA AVGVSTI**. Victoire écrivant sur un bouclier. GB (38; var.). — 3 p.

240 **Julie** (*fille de Titus*). **DIVAE IVLIAE AVG·DIVI TITI F SPQR**. Char attelé de deux mules. R/. **IMP·CAES·DOMIT**, etc. Au milieu, **SC**. — GB (9). TB.

Planche III.

240 *bis* **IVLIA IMP·T·AVG·F·AVGVSTA**. Buste à dr. R/. Vesta assise à g. — MB (18). B.

241 **Domitien. DOMITIANVS AVGVSTVS**. Tête laurée. R/. **GERMANICVS COS·XIIII**. La Germanie assise sur un bouclier. — Or (148). B.

Planche IV.

242 Même avers. R/. **GERMANICVS COS XV**. Minerve sur le vaisseau ; devant elle, une chouette. - Or (153). TB.

Planche IV.

243 **CAES·AVG·F·DOMIT·COS·III**. Tête laurée. R/. **PRINCEPS IVVENTVT**. L'Espérance à g. — Or (374). B.

Planche IV.

244 Même avers avec **COS·II** ; tête barbue. R/. Sans légende. Domitien à cheval, à g. — Or (663). TB.

Planche IV.

245 R/. **COS IIII**. Pégase à dr. (47). — R/. **COS·V**. Cavalier casqué, galopant à dr. (49). B. — R/. **COS V**. Louve romaine à g. ; nacelle en exergue (51). B. — Æ 4 p.

246 R/. **COS·XIIII·LVD·SAEC·FEC**. Prêtre salien à g. — Æ (78). Quinaire. B.

247 R/. Dans une couronne : **COS XIIII** et sur un cippe : **LVD SAEC FEC**. — Æ (70). B *et rare.*

Planche IV.

248 R/. Prêtre salien debout à g. devant un cippe à la lég. **COS· XIIII·LVD·SAEC·FEC**. — Æ (70). B *et rare.*

Planche IV.

249 R/. Minerve à g. tenant le foudre (178). — R/. Minerve avec

sa chouette sur le vaisseau (218. 258. 262. 287); Minerve à g. s'appuyant sur une haste (250. 259. 278. 282); Minerve combattant (252); Minerve avec foudre et haste (256. 283). — Æ. 12 p.

250 R⁄. **PRINCEPS IVVENTVTIS**. Vesta assise à g. (378); Minerve combattant (381); Hygiée (382); mains jointes tenant une aigle légionnaire (393); chaise curule (570); trône (573); trépied (577); ancre et dauphin (593). — Æ. 8 p.

251 R⁄. L'Équité (2); Annona assise et enfant debout (12); Concorde assise (39). TB. — MB. 3 p.

252 Tête laurée à dr. R⁄. **COS·XIIII·LVD·SAEC**. Domitien assis à g. sur une estrade; femme et enfant sacrifiant; temple au second plan. GB (81). — R⁄. Même lég. Sacrifice devant un temple. MB (85). — 3 p.

253 Le même. — TB.

Planche III.

254 Le même, varié (joueur de flûte au second plan). — R⁄. Cornes d'abondance (97); Félicité (98); la Foi (113); la Fortune (122. 127. 131. 133. 134). MB. — 9 p.

255 R⁄. **IOVI VICTORI**. Jupiter assis à g. tenant une Victoire. GB (313). — R⁄. La Monnaie (329. 332); la Paix (347); Rome assise à g. (410); **SALVTI AVGVSTI**. Autel (417). MB. — 8 p.

256 R⁄. **SC**. Quirinus debout à g. (430); **SC**. Minerve à g. (443); **SC**. l'Espérance (455); **SC**. Victoire à g. tenant un bouclier avec **SPQR** (468). MB. — R⁄. Domitien à g. couronné par une Victoire GB (513). — R⁄. Pallas à dr. (561); même sujet (581). GB. — 7 p.

257 R⁄. Pallas combattant (587), 2 p.; Victoire sur une proue (629); Victoire devant un trophée (639. 641); la Valeur (647. 650. 651. 657-58). MB. — Buste casqué. R⁄. **SC**. Trophée PB. — 12 p.

258 **Nerva**. **IMP·NERVA CAES·AVG·PM·TR·P·COS·III·PP**. Tête laurée. R⁄. Équité (3 et 9) — R⁄. **CONCORDIA EXERCI-TVVM**. Mains jointes. (16). TB. — R⁄. Même lég., les mains tenant une enseigne (25 et 29). — Æ 5 p.

259 ℞. Instruments de sacrifice (48 et 51). — ℞. Fortune (59 et 66). — ℞. Liberté (113); Santé assise à g. (132). — Æ 6 p.

260 ℞. Mains jointes (Coh. 26 avec tête laurée). MB. — ℞. Fortune à g. (61 et 62). MB. — 3 p.

261 ℞. Même type (67). — ℞. Liberté (107). GB. — 2 p.

262 ℞. Le même. — MB (116). TB.

263 **Trajan.** **IMP·CAES·NER·TRAIANO OPTIMO AVG·GER· DAC·** Buste lauré. ℞. **FORT·RED·** Fortune assisse à g.; autour : **PM·TR·P·COS·VI·PP·SPQR·** — Or (153). B.
Planche IV.

264 Même avers. ℞. **PM·TR·P·COS·VI·PP·SPQR.** Le *Bonus eventus* debout. — Or (275). TB.
Planche IV.

265 **IMP·TRAIANO AVG·GER·DAC·PM·TR·P·COS·V·PP.** Buste drapé et lauré. ℞. **SPQR OPTIMO PRINCIPI.** Trajan à cheval, combattant un ennemi agenouillé. — Or (501). FDC.
Planche IV.

266 ℞. **ARAB·ADQ.** L'Arabie debout; devant, une autruche. **SPQR OPTIMO PRINCIPI** (26). — ℞. Quirinus courant à g. (63); Rome nicéphore à g. (68); la même, assise (69); Victoire à g. (74-77) ; la même, écrivant sur un bouclier (80). — Æ. 7 p.

267 ℞. La Paix (81.83); l'Espérance (84); l'Équité (85); la même, assise (86), la Fortune (87). — Æ. 7 p.

268 ℞. L'Arabie avec son autruche (89); trophée (98); Jupiter protégeant Trajan (108); **DAC·CAP.** Dace captif debout (121); **DANVVIVS.** Le Danube couché (136). TB. — ℞. **DIVVS PATER TRAIAN.** Trajan père assis à g. (140). — Æ. 7 p.

269 ℞. Fortune *redux* (150.154); Quirinus allant à dr. (190); la Paix (191); Concorde assise (212); Victoire assise (213); Abondance assise (219). — Æ, 8 p.

270 ℞. Victoire assise (223); Quirinus marchant à dr. (228); statue d'Hercule (234) ; Victoire (240) : Victoire sur une proue

(241); la même, écrivant sur un bouclier (247); Concorde assise (250); Quirinus debout (255) ; Dace assis (260); Quirinus marchant à dr. (270). — Æ, 12 p.

271 ℞. La Valeur debout à dr. (272); Bonus Eventus (276) ; la Paix (278); Vesta assise (288); la Paix (292); la Concorde assise (302) : Mars debout (378); — Bonus Eventus (398); la Valeur debout (402); Victoire (425); Victoire écrivant sur un bouclier (451) ; l'Équité (462). — Æ, 12 p.

272 ℞. L'Abondance debout près d'un vaisseau (467); statue équestre (497); captif dace assis (529). TB. — ℞. Dace assis près d'un trophée (537); colonne Trajane (558); déesse assise à g., tenant un rameau (592); — ℞. **TR·P·COS·IIII. P·P**. L'empereur dans un char triomphal à g. (*manque à Cohen*). TB. — ℞. **VIA TRAIANA**. Femme assise à terre et tenant une roue (648). TB. — Æ, 9 p.

273 *Restitutions de Gallien*. ℞. Autel allumé (664). — Aigle (666). — Bil., 2 p.

274 *Antioche*. ℞. Tête laurée d'Hercule. — Æ.

275 ℞. Lég. de l'exergue mal frappée. L'Abondance debout protégeant une jeune fille. **SPQR OPTIMO PRINCIPI**. — GB (7). TB.

276 ℞. **AQVA TRAIANA**. Fleuve couché à g. sous une arcade (20). — ℞. Lég. fruste. Trajan debout, posant le pied sur l'Arménie couchée ; à dr. et à g., un Fleuve couché, l'Euphrate et le Tigre (39). GB. — 2 p.

277 **DACIA AVGVST**. La Dacie assise à g. avec deux enfants. Exergue : **PROVINCIA D**. GB (125). — ℞. Félicité. MB (146). — 2 p.

278 ℞. **FORT·RED**. Fortune assise à g. — GB (158).

279 ℞. **SENATVS POPVLVSQVE ROMANVS**. La Paix debout à g. GB (351). B. — ℞. Rome nicéphore debout à g. MB (387). — ℞. La Paix debout à g. posant le pied sur un Dace captif. GB (406). B. — 3 p.

280 ℞. Paix assise à g. ; devant, un Dace suppliant (421); Victoire tenant un bouclier à la légende **VIC DAC** (455); l'Abondance (469). TB. — MB. 3 p.

281 ℞. Trajan galopant à dr. ; sous le cheval, un ennemi terrassé.
GB (503). — ℞. même sujet. MB (506). B. — 2 p.

282 ℞. Trajan couronné par la Victoire. → GB (516). TB.
Planche III.

283 ℞. Le Danube, à g., renversant un Dace (526). — ℞. Dace
assis devant un trophée (535). TB. — GB, 2 p.

284 ℞. Colonne Trajane (562); Trophée (573); déesse assise à g.
(618). — MB, 4 p.

285 ℞. Concorde assise à g. — GB (623). TB.

286 ℞. Concorde (623) GB. — ℞. Victoire à g. MB (640). —
2 p.

287 **Plotine. PLOTINA AVG.IMP.TRAIANI.** Buste drapé et diadémé.
℞. **CAES.AVG.GERMA.DAC.COS.VI.P.P.** Vesta assise à
g., tenant le Palladium. — Or. B.
Planche IV.

288 **Marciane. DIVA AVGVSTA MARCIANA.** Buste diadémé. ℞.
CONSECRATIO. Char à g. attelé de deux mules. — Æ (10).

289 **Matidie. MATIDIA AVG.DIVAE MARCIANAE F.** Buste drapé et
diadémé. ℞. **PIETAS AVGVST.** Matidie debout avec deux
enfants. — Or (9). *Superbe pièce d'une finesse remarquable.*
Planche IV.

290 **Hadrien. HADRIANVS AVG.COS.III.P.P.** Buste drapé. ℞.
FORTVNA SPES. La Fortune et l'Espérance debout et
affrontées. — Or (778). TB.
Planche IV.

291 Même avers. ℞. **IOVI VICTORI.** Jupiter nicéphore assis à g.
— Or (863).
Planche IV.

292 **IMP CAESAR TRAIAN.HADRIANVS AVG.** Buste lauré et drapé.
℞. **PM.TR.P.COS.III.** Jupiter assis à g. tenant le foudre.
— Or (1060). B.
Planche IV.

293 ℞. l'Égypte (100.102); l'Éternité (130.131); l'Afrique (138.
139.141). — Æ, 7 p.

294 ℞. Alexandrie (154); la Clémence (212); la Concorde assise
(250.252); Neptune (304.309). — Æ, 6 p.

295 R⫟. Vesta assise (328); sacrificateur (335); Rome assise (337);
Mars nicéphore (349); Victoire (358-59); l'Abondance assise
devant le boisseau (379). — Æ, 7 p.

296 R⫟. La Pudeur voilée assise (393); instruments de sacrifice
(456); astre et croissant (459): étoiles dans un croissant
(465): Félicité assise (600): la même, debout (602): Fortune assise (723). — Æ, 8 p.

297 R⫟. Fortune *redux* (750. 787); Fortune debout (765); Hilaritas (815); l'Espagne (821); l'Indulgence (845); la Justice
assise (876). — Æ, 7 p.

298 R⫟. Liberté assise (903); Piété assise (1037); l'Éternité (1114):
Victoire au trophée (1132). — Æ, 4 p.

299 R⫟. Victoire assise à g. — Æ (1136). Quinaire. B.

300 R⫟. **RESTITV TO]RI HISPANIAE**. L'Espagne agenouillée
devant l'empereur (1260) (*fourrée*): la Santé assise (1324);
Concorde (1149); Victoire (1454); sacrificateur (1481). —
Æ. 5 p.

301 *Tarse*. R⫟. Mars nicéphore à g. Æ (drachme). — R⫟. Victoire
à dr. Æ, quinaire. 2 p.

302 R⫟. Rome assise à g., tenant une corne d'abondance et une
figurine de Victoire. GB (342). — R⫟. La Santé assise à g.,
sacrifiant (368); la même, debout (369); Pégase courant à
dr. (437 *varié*); galère (446); la Clémence debout (510).
MB. — 8 p.

303 R⫟. La Fidélité debout à g. — GB (607). TB.

304 R⫟. Hadrien donnant la main à la Félicité (636). GB. — R⫟.
Félicité debout (641). MB. B; Fortune assise à g. (371).
MB. — R⫟. Fortune *redux* assise à g. (753): Fortune debout
(763). GB. — Fortune *redux* (752). MB. — 6 p.

305 R⫟. Fortune debout à g. — GB (765). B.

Planche III.

306 R⫟. Hilaritas entre deux petites figurines. — GB (817). B.

307 R⫟. Jupiter *custos* assis à g. (861); Justice assise à g. (885). —
GB, 2 p.

308 Buste à g. R⫟. Justice assise à g. — MB (888). TB.

309 ℞. L'Espérance debout à g., tenant une fleur. — GB (1154).
TB, *patine verte*.

310 Autre exemplaire. — ℞. **RESTITVTOR ORBIS TERRARVM**.
Hadrien relevant une femme tourelée. GB (1285). — 2 p.

311 ℞. Santé publique (1358); la Valeur debout (1470). — MB,
2 p.

312 **Sabine. SABINA AVGVSTA HADRIANI AVG·PP**. Buste drapé
et diadémé à g. ℞. Vesta assise à g. tenant le Palladium. —
Or (86). TB.
Planche IV.

313 ℞. Concorde assise (3.12.24.25). — Æ, 4 p.

314 ℞. Junon reine (37); Vesta assise; déesse assise et statuette
(sans légende, 94). — Æ, 3 p.

315 ℞. Vesta assise. MB (66). — ℞. **SC**. Cérès assise à g. (69). GB.
B. — ℞. le même. MB (70). — ℞. **VENERI GENE-
TRICI**. Vénus debout. GB (74). — 4 p.

316 **Aelius César. L·AELIVS·CAESAR**. Tête nue. ℞. Concorde
assise. — Æ (1).

317 ℞. **PIETAS**. Femme voilée sacrifiant. — Æ (36). TB.

318 ℞. La Paix debout à g. avec caducée et corne d'abondance.
Æ (50). — ℞. Hygiée sacrifiant. Æ (54). — 3 p.

319 ℞. **SALVS**. La Santé assise à g. devant un autel enroulé d'un
serpent. MB (45). B. — ℞. L'Espérance. GB (56). — MB.
au même type (57). B. — ℞. La Fortune et l'Espérance.
GB (60). 4 p.

320 **Antonin le Pieux. ANTONINVS AVG·PIVS PP·TR·P·COS**·
III. Tête laurée. ℞. **BRITAN**. Victoire à g. sur le globe.
Autour, **IMPERATOR II**. — Or (113). B.
Planche IV.

321 Même lég. avec **PP·TR·P·XII**. Tête laurée à dr. ℞. **COS·IIII**.
L'Équité tenant la balance et la corne d'abondance. — Or
(239). TB.
Planche IV.

322 Même lég. avec **PP·TR·P·XVI**. Buste drapé, à g. ℞. **COS·
III**. L'empereur debout à g. tenant le globe. — Or (308).
TB.
Planche IV.

323 La même; tête laurée à dr. — Or (309). TB.

Planche IV.

324 La même avec **TR·P·XVII**. Tête laurée à dr. ℟. **COS·IIII**. Même sujet. — Or (312). TB.

Planche IV.

325 Même lég. avec **TR·P·COS·III**. Tête nue à dr. ℟. **IMPERA-TOR II**. Victoire au trophée. — Or (428). FDC.

Planche IV.

326 Même lég. avec **PP·TR·P·XIIII**. Tête nue. ℟. **LAETITIA COS·IIII**. Cérès et Proserpine. — Or (477). *Rare.*

Planche IV.

327 **IMP·CAES·T·AEL·HADR·ANTONINVS·AVG·PIVS·PP**. Tête nue à dr. ℟. **TR·POT·XIIII·COS·IIII**. La Paix debout à g.; exergue : **PAX**. — Or (579). FDC.

Planche IV.

328 La même avec ℟. **TR·POT·XV**. — Or (584). TB.

Planche V.

329 **ANTONINVS·AVG·PIVS·PP·TR·P·XXIII**. Tête laurée. ℟. **PIETATI AVG·COS·IIII**. La Piété debout avec trois enfants. — Or (622). B.

Planche V.

330 La même, *à fleur de coin*.

Planche V.

331 La même, au buste drapé. TB.

Planche V.

332 **ANTONINVS AVGVSTVS**. Tête laurée. ℟. **TR·POT·COS·IIII**. Rome assise à g. tenant le Palladium. — Or (934). B.

Planche V.

333 **ANTONINVS AVG·PIVS PP·IMP·II**. Tête laurée. ℟. **TR·POT·XX·COS·IIII**. Victoire à g. — Or (1013). TB.

Planche V.

334 Même lég. avec **PP·TR·P·COS·IIII**. Tête laurée à g. ℟. sans légende. Rome assise à g. tenant le Palladium. — Or (1150). TB.

Planche V.

335 ℞. Apollon citharède (60); Diane (68) ; instruments de sacrifice (95); la Clémence (123); consécration (aigle, 154. 155. B). — Æ, 6 p.

336 ℞. Consécration (bûcher, 164); Vesta debout (196. 198) : Cérès (283); Vesta (203); Bonus Eventus (218); l'Équité (228). — Æ, 7 p.

337 ℞. La Félicité (252). B.; la Fortune (263. 264. 280. 283); la Piété (295); l'Empereur sacrifiant (301). B. — Æ. 7 p.

338 ℞. Statue sous une arcade (331); foudre sur un trône (345) B; DIVO PIO. Antonin assis (352); Colonne (353); Félicité du siècle (359. 360). — Æ, 6 p.

339 ℞. Victoire (437); la Monnaie (557); la Paix (573); la Piété (616); la Libéralité (939, 940); la Paix (585); Annona (983). — Æ, 8 p.

340 ℞. La Fortune (987. 1035); la Paix assise (1022); déesse devant un autel (1062); vœux décennaux (1110. 1113); sans lég. L'Empereur debout à dr. (1176). — Æ, 8 p.

341 *Restitutions de Gallien.* ℞. Aigle (1188); autel (1189). Bill., 2 p. TB.

342 ℞. Annona debout près de son boisseau. — GB (34).

343 ℞. La même assise à g. — GB (50). B.

344 Apollon citharède (62); BRITAN, Victoire à g. (114). — GB. 2 p.

345 ℞. CONCORDIAE. Antonin et Faustine se donnant la main; entre eux, deux figurines. — GB (146), *rare*.

346 ℞. CONSECRATIO. Bûcher. — GB (165), *rare*.

347 ℞. La Santé nourrissant son serpent (173); la même, assise à g. (274); Antonin nimbé, tenant un rameau (318). — GB, 3 p.

348 ℞. Antonin dans un quadrige (320); statue sous une arcade (327). MB. — ℞. La Santé tenant un gouvernail et sacrifiant (348); DIVO PIO. Colonne (354). GB. — 4 p.

349 ℞. La Félicité tenant un capricorne (363); Génie du peuple (408); Victoire au vol (433). — GB, 3 p.

350 ℞. L'Espérance (444); la truie d'Albe (450). MB. — ℞. La Libéralité debout (GB. de Coh. 499). — 3 p.

351 ℞. La Liberté tenant un bonnet d'affranchi. — GB (535. 540). — 2 p.

352 ℞. La Munificence (563); éléphant (564. 565); La Paix (578). — MB. 4 p.

353 ℞. Annona debout près d'un vaisseau. — GB (645). B.

354 ℞. **ROMAE AETERNAE**. Temple décastyle. — GB (699). B.

355 ℞. La Santé debout à g., sacrifiant et tenant un gouvernail. GB (715). — ℞. La même, tenant un sceptre. GB (728 et variété). — 3 p.

356 **SALVS AVG**. La Santé debout, donnant un fruit à un serpent enlacé autour de son bras. — MB. B. *Manque à Cohen*.

357 ℞. Temple d'Auguste, à huit colonnes (804). — ℞. Cornes d'abondance d'où émergent deux têtes d'enfant (813). — ℞. La Paix debout (856). — GB 3 p.

358 ℞. Corne d'abondance et caducée (924); Jupiter debout (1002). MB. — ℞. Annona posant le pied sur un vaisseau. GB (1017). — ℞. L'Empereur sacrifiant (**TR. P. XXII**). MB (1122, var.). — 4 p.

359 **Antonin et Marc-Aurèle**. Tête laurée d'Antonin. ℞. Tête nue de Marc-Aurèle. Æ (15). — Variété à la tête nue d'Antonin. Æ (14). — 2 p.

360 Autres exemplaires. — B. 2 p.

361 Autre exemplaire. — TB.

362 GB. aux deux têtes (28). — Autre, varié (33). — 2 p.

363 **Antonin et Faustine mère**. Tête laurée. ℞. **DIVA FAVSTINA**. Buste drapé à dr. — GB. B.

364 **Faustine mère**. **DIVA FAVSTINA**. Buste drapé. ℞. **AETER-NITAS**. Déesse voilée, debout à g., tenant une patère et un gouvernail. — Or (2). FDC.

Planche V.

365 Buste voilé. ℞. Le même. — Or (3). TB.

Planche V.

366 **DIVA AVGVSTA FAVSTINA**. Buste voilé. ℞. **AETERNITAS**. L'Éternité debout à g. avec le sceptre et le globe. — Or (36). B.

Planche V.

367 **DIVA FAVSTINA**. Buste drapé. ℞. **AVGVSTA**. Cérès debout, tenant deux torches. — Or (75). B.

Planche V.

368 Autre exemplaire. Or. B.

Planche V.

369 Même avers. ℞. **AVGVSTA**. Cérès tenant une torche et un sceptre. — Or (95). TB.

Planche V.

370 Même avers. ℞. **AVGVSTA**. Déesse voilée, debout à g., tenant une patère et un gouvernail. — Or, *manque à Cohen*. TB.

Planche V.

371 **DIVA AVGVSTA FAVSTINA**. Tête voilée. ℞. **PIETAS AVG**. La Piété sacrifiant sur un thymiaterium. — Or (238). B.

Planche V.

372 ℞. L'Éternité (34); **AVGVSTA**. Vénus au bouclier (73); Cérès (78. 93. 94); Vesta (108) : Cérès (134); Vesta (291); **CONCORDIAE**. Antonin et Faustine debout (159). — Æ. Ens., 9 p.

Planche V.

373 ℞. L'Éternité debout, tenant le globe et une écharpe. GB (30). — ℞. La même tenant le phénix. GB (12). — La même, levant son bras dr. GB (28). — La même, tenant le globe et un sceptre. MB (38). TB. — 4 p.

374 ℞. Faustine dans un char attelé de deux éléphants. — GB (57), *rare*.

375 ℞. Cérès. MB (80). — La même. GB (88) et MB (89). TB. — 3 p.

376 ℞. Vesta debout. GB (113). — La Concorde. GB (*de Coh.* 152). — 2 p.

377 ℞. **EX·S·C**. Char aux éléphants, à g. — GB (201), *rare*.

378 ℞. La Piété, GB (240) et MB (241). — 3 p.

379 **Marc-Aurèle. AVRELIVS CAESAR ANTONINI AVG·PII·FIL**
Tête nue. ℞. **TR·POT·VI·COS·II**. Exergue : **CLEM**. La
Clémence debout à g.   Or (23). TB.

Planche V.

380 **IMP·CAES·M·AVREL·ANTONINVS·AVG**. Tête nue. ℞. **CON-
CORDIAE·AVGVSTOR·TR·P·XV·COS·III**·. Les deux empereurs debout, se donnant la main. — Or (70). B.

Planche V.

381 **M·ANTONINVS·AVG·TR·P·XXIII**. Buste lauré et drapé. ℞.
FELICITAS AVG·COS·III. La Félicité debout à g. — Or
(177). TB.

Planche V.

382 **AVRELIVS CAESAR AVG·PII·F·COS**. Tête nue. ℞. **IVVEN-
TAS**. La Jeunesse sacrifiant. — Or (386).

Planche V.

383 **M·ANTONINVS AVG·ARMENIACVS**. Buste lauré et drapé. ℞.
PM·TR·P·XIX·IMP·III·COS·III. La Félicité debout à g. —
Or (177). B.

Planche V.

384 **M·ANTONINVS·AVG·ARM·PARTH·MAX**. Même buste. ℞.
TR·P·XX·IMP·IIII·COS·III. Victoire soutenant un bouclier
à la légende **VIC·PAR**. — Or (877). TB.

Planche V.

385 Même avers. ℞. **TR·P·XXI·IMP·IIII·COS·III**. Victoire à g.
avec couronne et palme. — Or (883). TB.

Planche V.

386 ℞. Concorde assise (30), 2 p. dont l'une TB. — ℞. Rome
assise (132). — Æ, 4 p.

387 ℞. Félicité des temps. — Æ (196), *rare*.

388 ℞. L'Honneur (236), la Libéralité (**LIBERAL·AVG·V**, 414) ;
instruments de sacrifice (451) ; la Piété sacrifiant (463) ;
Mars debout (468) ; la Félicité (476) ; la Providence (507
et 522). — Æ, 8 p.

389 ℞. Déesse tenant une corbeille de fruits (613) ; Pallas (618) ;
Génie du Peuple (700) ; Rome debout (708) ; Victoire parthique. — Æ, 5 p.

390 ℞. **PAX**. La Paix debout (880) ; la Providence (881) ; l'Équité
assise (899) ; la Félicité (948) : Victoire (949). — Æ, 5 p.

391 ℞. La Santé assise (965) ; Victoire (979. 988) ; la Valeur
(1006) ; vœux décennaux. — Æ, 5 p.

392 ℞. La Clémence debout à g. GB (17). —℞. Les deux empereurs se donnant la main. GB (45) et MB (49. 50). — 5 p.

393 ℞. L'empereur couché sur l'aigle au vol (93) ; Jupiter nicéphore assis(248) ; Victoire germanique. (267) ; Rome assise.
(279. 281). — GB 5 p.

394 Victoire à g. MB (380) ; Libéralité. GB (418) ; instruments de
sacrifice. MB (455). B. — 3 p.

395 ℞. **LIBERALITAS AVG VI**. L'empereur assis sur une estrade
(29ᵉ tribunat). — GB, *manque à Cohen*.

396 ℞. **PIETAS AVG**. Instruments de sacrifice (461) ; **PRIMI DE-
CENNALES COS. III** dans une couronne (495) ; **RELIG.
AV G**. Temple de Mercure (534) ; La Santé sacrifiant (544.
547) ; — GB. 5 p.

397 ℞. La Santé sacrifiant (564). — GB. TB.
Planche III.

398 ℞. Quirinus portant un trophée (579) : la Piété avec deux
enfants (629). GB. — ℞. L'Espérance. MB (742) ; la Providence, GB (805) : l'Équité assise à g. GB (820). — 5 p.

399 ℞. Victoire. MB (816) et GB (818). — ℞. Minerve à g. GB
842). — ℞. L'Équité. GB (932) et MB (933). — 5 p.

400 ℞. Victoire à dr., tenant un trophée ; devant, un captif armé-
nien. — GB. (984).

401 **Faustine jeune. FAVSTINA AVGVSTA**. Buste drapé et diadémé. ℞. **HILARITAS**. Femme debout, tenant une palme
et une corne d'abondance. — Or (109). TB.
Planche V.

402 **FAVSTINAE AVG. PII. AVG. FIL**. Buste drapé. ℞. **IVNONI
LVCINAE**. Junon debout à g. avec sceptre et patère. — Or
(131). TB.
Planche V.

403 **FAVSTINA AVGVSTA**. Buste drapé. ℞. **MATRI MAGNAE**.
Cybèle assise à g. entre deux lions. — Or (168). TB.
Planche V.

404 Même avers. ℞. **SALVTI AVGVSTAE**. La Santé assise à g.,
nourrissant le serpent. — Or (198).
Planche VI.

405 **FAVSTINAE AVG·PII·AVG·FIL**. Buste drapé. ℞. **VENVS**.
Vénus tenant la pomme et le gouvernail. — Or (260). B.
Planche VI.

406 **DIVAE FAVSTIN·AVG·MATR·CASTROR**. Buste voilé. ℞.
CONSECRATIO. Bûches. — Or, *manque à Cohen*. FDC.
Planche VI.

407 ℞. Vénus victorieuse (15), la Concorde debout (21. 42),
Cérès assise (35), la Concorde assise (53) B, paon (71). TB.
— Æ, 6 p.

408 ℞. Trône avec sceptre et paon (73), autel (75) TB, la Fécondité (95. 99). — ℞. **FORTVNAE MVLIEBRI**. Fortune assise
à g. (107). B. — Æ 5 p.

409 ℞. Hilaritas (111), Junon reine (139), Santé assise à g. (195),
Félicité du siècle (190), Vénus debout (255). — Æ, 5 p.

410 ℞. L'Éternité assise à g. GB (8); Vénus victorieuse. MB (17);
Diane lucifère. MB (de Coh. 91); Fécondité. GB (93) et
MB (97). — 5 p.

411 ℞. Fécondité. GB (100) et MB (101): variante de la même.
GB (102); Junon et son paon. GB (121); Laetitia. GB
(149); Cybèle. GB (169). — 6 p.

412 ℞. **SAECVLI FELICIT**. Deux enfants sur un trône (193); la
Santé assise (200); Félicité des Temps (222). B; Vénus
assise (275). — GB, 4 p.

413 Lucius Verus. **IMP·CAES·L·AVREL·VERVS AVG**. Tête nue.
℞. **CONCORDIAE AVGVSTOR·TR·P·COS·II**. Les deux
empereurs se donnant la main. — Or (44). TB.
Planche VI.

414 **L·VERVS·AVG·ARMANIACVS**. Buste lauré et drapé. ℞. **TR·
P·IIII·IMP·II·COS·II**. Victoire soutenant un bouclier à la
légende **VIC·AVG**. — Or (247). FDC.
Planche VI.

415 Autre exemplaire. — FDC.
Planche VI.

416 **L.VERVS.AVG.ARM.PARTH.MAX.** Tête laurée. ℞. **TR.P.
VIII.IMP.V.COS.III.** Victoire à g. avec couronne et palme.
— Or (314). B.

Planche VI.

417 ℞. Concorde assise (17); **CONSECRATIO.** Aigle (55). B.;
Fortune assise à g. (111), la Paix (126), la Providence
(144. 156); Mars debout (229), Victoire parthique (279),
Victoire à g. (295), l'Équité (297). — Æ, 11 p.

418 ℞. Concorde des deux empereurs (29. 36); Aigle sur le globe
(56, *rare*); Victoire (209). — GB, 4 p.

419 ℞. Quirinus portant le trophée (224); Victoire soutenant un
bouclier à la légende **VIC.AVG** (250); Mars debout à g. —
GB, 4 p.

420 **Lucille. LVCILLAE AVG.ANTONINI AVG.F.** Buste drapé. ℞.
VENVS. Vénus debout avec sceptre et pomme. — Or (69)
B.

Planche VI.

421 ℞. Concorde assise (7). B; Diane lucifère (14); la Pudicité
(60); Vesta (92). — Æ, 4 p.

422 ℞. **FECVNDITAS.** Lucille assise à dr. avec trois enfants (21).
— Hilaritas (29). — La Pudeur (61); Vénus assise (86).
MB. — ℞ Vesta debout. GB (94). — 5 p.

423 **Commode.** ℞. Concorde des soldats (53); massue dans une
couronne (189); Jupiter assis (486). — Æ, 3 p. B.

424 ℞. Quirinus à dr., portant le trophée. — Æ (487). quinaire.

425 ℞. Victoire (492), Équité (499), Bonus Eventus (532), Piété
assise (574), Fortune assise (779. 786), la Paix (806). —
Æ. 7 p.

426 ℞. Providence (804), Rome debout à g. (851), l'Abondance
(811), Victoire (897), la Santé (741. 903), trophée entre
deux captifs (791), la Valeur (966), Commode sacrifiant
(1000). — Æ, 9 p.

427 *Restitution de Gallien.* ℞. Autel allumé. — Bill. (1010).

428 ℞. Félicité GB (106) et MB (107). — ℞. Massue dans une
couronne. MB (193). — ℞. Pallas sacrifiant (227. 234).
— 5 p.

429 ℞. Libéralité (Commode assis sur une estrade). — GB (293).
— 2 p. var.

430 ℞. Liberté debout (330), Commode assis à g. tenant un globe
(506), Pallas à g. (818), etc. — GB et MB, 5 p.

431 **Crispine.** ℞. CONCORDIA. Déesse à g. avec patère et corne
d'abondance (5). B. — ℞. CONCORDIA. Deux mains
jointes (8). — ℞. DIS GENITALIBVS. Autel allumé (15).
— ℞. Hilaritas (18), Junon (21). — Æ, 5 p.

432 ℞. Diane lucifère. GB (11). — ℞. Hilaritas MB (20). — ℞.
La Pudeur assise à g. GB (30). — La Santé assise. GB (33).
— 4 p.

433 **Pertinax.** IMP.CAES.P.HELV.PERTIN.AVG. Tête laurée.
℞. OPI.DI[VIN. T]R.P.COS.II. Déesse assise à g., tenant
des épis. — Æ (33). TB.

Planche VII.

434 ℞. PROVID.DEOR.COS.II. La Providence debout à g., levant
le bras vers le soleil. — Æ (40). B.

Planche VII.

435 ℞. OPI.DIVIN.TR.P.COS.II. Déesse assise à g., tenant des
épis. — GB (34). B.

Planche VI.

436 Autre exemplaire, fruste.

437 Lég. fruste. L'Allégresse debout à g., tenant une couronne et
un sceptre. — MB (22).

438 **Dide Julien.** IMP.CAES.M.DID.IVLIAN.AVG. Tête laurée.
℞. CONCORD.MILIT. Femme tenant deux enseignes mili-
taires. — Æ (2).

Planche VII.

439 ℞. RECTOR ORBIS. L'empereur debout à g. tenant un
globe. — GB (17).

440 **Manlia Scantilla.** MANL.SCANTILLA.AVG. Buste drapé. ℞.
IVNO REGINA. Junon debout à g., avec sceptre et patère;
devant elle, le paon. — Or (1).

Magnifique pièce de la plus grande rareté.

Planche VI.

441 **Didia Clara. DIDIA CLARA AVG.** Buste drapé. R⁄. **HILAR.
TEMPOR.** Femme tenant une palme et une corne d'abondance. — Æ (3).

Planche VII.

442 **Pescennius Niger. IMP.CAES.C.PESC.NIGER.IVST.AV....**
Tête laurée. R⁄. **VIRTV[TI.AVG.** La Valeur debout. — Æ
(81). B, mais trouée.

Planche VII.

443 **Albin. IMP,CAES.D CLO.SEP.ALB.AVG.** Tête laurée. R⁄.
FIDES.LEGION.COS.II. Deux mains jointes tenant une
aigle légionnaire. — Æ (24). FDC.

444 Autre exemplaire (24. 25). — R⁄. **SALVTI AVG.COS.II.** La
Santé debout à g. Æ (73). — 3 p.

445 **D.CLOD.SEPT.ALBIN.CAES.** Buste nu. R⁄. La Concorde
(7). GB. — R⁄. **SAECVLO FRVG IFER]O COS.II.** Déesse
d'Hadrumète debout à g. MB (72). — 2 p.

446 **Septime-Sévère. IMP.CAE.L.SEP.SEV.PERT.AVG.** Tête
laurée. R⁄ **LEG.XIIII.GEM M.V.** Aigle légionnaire entre
deux enseignes. Exergue : **TR.P.COS.** — Or (271). TB.

Planche VI.

447 R⁄. L'empereur à cheval (1), l'Afrique debout (25), Victoire
(51), l'Espérance (58), Victoire (100 *var.*), Félicité (135).
— Æ. 6 p.

448 R⁄. Corne d'abondance (142), Fortune assise (181), Fortune
debout (186), Fondateur de la paix (205), déesse de Carthage (219). — Æ. 7 p.

449 R⁄. Trophée (232), Mars (311), trophée entre deux captifs
(369. 370. 373), Pallas debout (396), Victoire (454), Fortune assise (461). — Æ, 8 p.

450 R⁄. Bonus Eventus (464. 475), l'Afrique (493), Jupiter debout
(501), Génie du peuple (505), Santé assise (517), Jupiter
entre deux enfants (525), Neptune (529). — Æ, 8 p.

451 R⁄. Hygiée assise (535), Jupiter entre Caracalla et Géta (539),
femme assise (555 avec **BRIT**), l'empereur sacrifiant (599),
Rome assise (606), trophée (658). — Æ, 6 p.

*

452 R̸. Victoire (719. 727. 744), la Valeur (761), sacrificateur
(791). — Æ, 5 p.

453 R̸. Arrivée de l'empereur (8), les trois Monnaies (335),
Rome assise, etc. — GB. 4 p.

454 **Julie Domne. IVLIA DOMNA AVG.** Buste drapé. R̸. **VENERI
VICTR.** Vénus tenant une palme et une pomme. — Or
(193). TB.
Planche VI.

455 R̸. Cérès assise (14), Fortune (55), Hilaritas (79), Luna
lucifère (105), Cybèle (123). — Æ, 6 p.

456 R̸. Cybèle debout (137), Piété (150. 154. 156), Pudicité
(170), Vénus génétrix (205. 211. 312). — Æ, 8 p. TB.

457 R̸. Hilaritas. MB (74). — Cybèle assise. GB (124). — Vénus
génétrix assise. MB (208). — Vénus victrix. MB (217). —
4 p.

458 R̸. Temple de Vesta. MB (234). B.

459 **Caracalla. M·AVR·ANTONINVS CAES.** Buste jeune, drapé.
R̸. **SEVERI·AVG·PII·FIL.** Instruments de sacrifice. — Or
(582). TB.
Planche VII.

460 Æ. Félicité (61. 64), Foi militaire (80 *rare et* B.), déesse de
Carthage (97), Indulgence (104), Libéralité (139). — Æ,
6 p.

461 R̸. Mars (150), la Monnaie (165. 167), trophée (175), Sérapis (195). — Æ, 7 p. TB.

462 R̸. Victoire (188), Sérapis (212. 213), Hercule (220. 221),
Jupiter (239), Apollon citharède assis (242). — Æ, 8 p.

463 R̸. Le Soleil debout (243), Jupiter debout (279), Soleil debout
à g. (287), Sérapis (295). Æ, *grand module.* B. — 4 p.

464 R̸. Caracalla debout, tenant un rameau (247), Foi militaire
(315), lion (321), Jupiter (337. 338), Sérapis (349). — Æ.
6 p.

465 R̸. Soleil (358. 389), Victoire assise (648), Rome (416),
Mars (420. 421. 424). — Æ, 7 p.

466 R̸. Sécurité assise (434), la Valeur (464), Concorde (465),
Prince de la Jeunesse (505), Caracalla debout (508), le même

suivi d'un porte-enseigne (509), Providence (529), *rector orbis* (542). — Æ, 8 p.

467 ℞. Salut du genre humain (558), Vénus victorieuse (612, *grand module*), la même en mod. ordinaire, Victoire (658), Caracalla près d'un Fleuve couché (670), l'empereur sacrifiant (688). — Æ, 6 p.

468 ℞. **VOTA SOLVT·DEC·COS·III**. Scène de sacrifice (684). — Æ. B. *et rare*.

Planche VII.

469 ℞, Mars nicéphore. MB (202) et GB (216). — ℞. La Liberté. GB (229). — 3 p.

470 ℞. Esculape. MB (310). TB.

Planche VII.

471 Vaisseau à cinq rameurs. MB (457). — TB *et rare*.

Planche VII.

472 ℞. Providence (531), Sécurité assise (579). — GB. 2 p.

473 **Plautille**. ℞. Concorde (1); Plautille donnant la main à Caracalla (12); même type. **PROPAGO IMPERI** (21). B. — Æ. 4 p.

474 ℞. Vénus victrix (25). — Æ. TB.

475 **Géta**. ℞. Félicité (36. 38), Mars (76), Noblesse (90), Pallas à g. (104), Bonus Eventus (140), Paix (149), l'empereur et un trophée (157), Providence (170), **RESTITVTOR VRBIS** (172). — Æ. 10 p.

476 ℞. Sécurité (182. 183), Paix (198), Victoire britannique (220), Vœux (227). — Æ, 6 p.

477 ℞. Fortune *redux* (53), Femme debout et deux enfants (113. 133), les trois empereurs à cheval (167). — MB. 4 p.

478 **Macrin**. **IMP·C·M·OPEL·SEV·MACRINVS·AVG**. Buste lauré et cuirassé. ℞. **FELICITAS TEMPORVM**. Félicité debout. — Æ (19). 2 p.

479 ℞. **IOVI CONSERVATORI**. Jupiter debout (33). — Variété (37). — Æ. 2 p.

480 ℞. Jupiter debout (55), Providence (108). — Æ, 2 p.

481 R̥. Santé assise (116); Sécurité (122). — Æ. 2 p.

482 **Diaduménien. M·OPEL·ANT·DIADVMENIAN·CAES·** Buste
drapé. R̥. **PRINC·IVVENTVTIS.** Le César debout, avec trois
enseignes. — Æ (3). B.

483 Variété, avec **OPEL·DIADVMENIANVS·** — Æ (6). B.

484 **M·OPEL·ANTONINVS·DIADVMENIANVS·CAES.** Buste cuirassé et drapé. R̥. Le même. ··· GB (7).

485 **Élagabal.** R̥. Abondance (1), Foi militaire (28. 30. 31. 32),
INVICTVS SACERDOS AVG· L'empereur sacrifiant (60).
TB. — Æ, 6 p.

486 R̥. Jupiter conservateur (66), Libéralité (80), Liberté (90),
Mars (111), Rome assise (136. 142), Fortune (149). — Æ,
8 p.

487 R̥. Victoire (194), l'empereur sacrifiant (208), Providence
(242), prêtre du Soleil (246). — Æ. 7 p.

488 R̥. Santé de l'empereur (254), grand-prêtre (276), Félicité
des Temps (280. 281), Victoire (291. 293. 304 etc.). —
Æ, 9 p.

489 R̥. Le Soleil debout à g. — MB (135 var.).

490 *Berytus.* Buste lauré et drapé. R̥. **COL·IVL·AVG·FEL·BER.**
Statue de Marsyas dans un temple tétrastyle. — GB. B.

Planche VI.

491 **Julia Paula.** R̥. Concorde assise (6), Vénus génétrix assise
(21). — Æ. 2 p.

492 **Aquilia Severa. IVLIA AQVILIA SEVERA AVG·** Buste drapé.
R̥. **CONCORDIA.** La Concorde sacrifiant. — Æ (2). B.
rare.

Planche VII.

493 **Julia Soaemias.** R̥. Annona (3), Vénus céleste debout (8),
Vénus céleste assise (14). — Æ, B. et TB. 4 p.

494 **Maesa.** R̥. Fécondité (8), Piété (29 et 30 au croissant), Piété
sacrifiant (34), Pudeur assise (36). — Æ, B. 6 p.

495 R̥. Félicité du siècle. — GB (47) et MB (48).

496 **Alexandre-Sévère.** R̥. Équité (9), Jupiter conservateur (70.

73), Jupiter combattant (7). 83), Jupiter ultor assis (95).
— Æ, 6 p. TB.

497 ℞. Libéralité (133), Mars (158. 161. 173), Paix éternelle
(183), Paix (187), Soleil (212), Santé assise (239), l'empereur tenant le globe (256). — Æ, 9 p. TB.

498 ℞. L'empereur sacrifiant (289), le Soleil (388. 448. 452.
453), Providence (501. 508). — Æ, 8 p. TB.

499 ℞. Espérance (543), Victoire (556. 566), Valeur (576. 580.
586). — Æ, 6 p. TB.

500 *Restitution de Gallien.* ℞. Aigle. — Bill. (599).

501 ℞. Annona (36), Mars (168), l'empereur sacrifiant (291),
l'empereur dans un quadrige (377), Soleil (414). TB. —
GB. et MB. 5 p.

502 ℞. Soleil (429. 441), GB. et MB (455). — Paix assise (466.,
Providence (503), GB. et MB (504). — 6 p.

503 ℞. Providence (509), GB. — ℞. **RESTITVTOR MON.** L'empereur debout (517). MB. *rare.* — ℞. Espérance (547.
548). GB. — 4 p.

504 **Orbiane. SALL·BARBIA·ORBIANA·AVG**. Buste diadémé. ℞.
CONCORDIA AVGG. Concorde assise à g. — Æ (1).

505 Même avers. ℞. **CONCORDIA AVGVSTORVM**. Alexandre et
Orbiane se donnant la main. — GB (6). TB. *belle patine.*

Planche VI.

506 ℞. Même légende. Concorde assise à g. — GB (4).

507 **Mamée.** ℞. Fécondité debout (5) et assise (6), Félicité (17.
24). — Æ, 4 p. B.

508 ℞. Junon (32), Vénus *felix* (60), Vesta (81. 85). — Æ, 4 p.
B.

509 ℞. Félicité publique. MB (23). B.

510 ℞. Félicité assise (26), Junon assise (33), Vénus *felix* (63 et
69). GB. — ℞. Vénus victorieuse. MB (79). — 5 p.

511 **Maximin.** ℞. Foi militaire (7), Paix (31), Prince de la Jeunesse (46. 55). — Æ, 5 p. TB.

512 ℞. Providence (75. 77), Santé assise (85), Victoire (98. 99).
— Æ, 5 p. TB.

513 ℞. Paix (34, 38), Victoire (100). — GB. 4 p.

514 **Pauline. DIVA PAVLINA.** Buste drapé. ℞. **CONSECRATIO.**
Pauline couchée sur un paon. — Æ (2). B.

515 **Maxime César.** ℞. Instruments de sacrifice. — Æ (1). B.

516 ℞. Le même. GB (5) et MB (6). — 2 p.

517 ℞. Prince de la Jeunesse. — GB (14). B.

518 **Gordien d'Afrique père. IMP.CAES.M.ANT. GORDIANVS.
AFR.AVG.** Buste lauré et drapé. ℞. **PROVIDENTIA AVGG.**
Femme debout. — GB (6).

519 **IMP.CAES.M.ANT.GORDIANVS.AFR.AVG.** Buste lauré et
drapé. ℞. **VICTORIA AVG.** Victoire à g. — GB (14).

520 **Balbin.** ℞. **CONCORDIA AVGG.** Mains jointes. — Æ (3).
TB.

521 ℞. **FIDES MVTVA AVGG.** Mains jointes. — Æ (6). TB.

522 ℞. Libéralité (11), Félicité debout (19, TB.). — GB. 2 p.

523 **Pupien.** ℞. Concorde assise. — Æ (6).

524 ℞. **PATRES SENATVS.** Mains jointes. — Æ (21). FDC.

525 ℞. Libéralité (15), Paix assise (23). Victoire (38). — GB.
4 p.

526 ℞. Providence. — GB (34). TB.

527 **Gordien III. IMP.GORDIANVS PIVS FEL.AVG.** Buste lauré
et drapé. ℞. **IOVI STATORI.** Jupiter debout, avec sceptrre
et foudre. — Or (108). FDC.

Planche VII.

528 ℞. L'Équité (19), Concorde assise (64), Félicité (73, TB),
Lætitia (122, B.). — GB. 4 p.

529 ℞. Libéralité. — MB (145). TB.

Planche VII.

530 ℞. Apollon citharède assis (273), Victoire (358). — GB. 2 p.

531 **Philippe père.** ℞. L'empereur à cheval, Annona (26), Lætitia (71), Santé (206). — GB. 4 p.

532 **Otacilie**. R⁄. Concorde assise. — GB (10). TB.
Planche VI.

533 Autre exemplaire et MB (11). — R⁄. Pudeur assise à g. GB
(55). — 4 p.

534 **Philippe fils**. R⁄. Libéralité (les deux empereurs assis à g.)
(18); Paix. (25); Prince de la Jeunesse (49). — GB. 3 p.

535 **Trajan-Dèce**. IMP.C.M.Q.TRAIANVS DECIVS AVG. Buste
lauré et cuirassé. R⁄. ABVNDANTIA AVG. Femme debout
à dr. — Or (1).
Planche VII.

536 R⁄. La Dacie debout (22), les deux Pannonies (87). — GB,
2 p.

537 R⁄. FELICITAS SAECVLI. La Félicité debout. — GB. Méd.
(39). TB.
Planche VI.

538 Autre exemplaire. revers fruste. — R⁄. Libéralité. MB (71).
— 2 p.

539 **Étruscille**. R⁄. Pudeur assise à g. — GB (22).

540 **Herennius Etruscus**. R⁄. Instruments de sacrifice. — GB (15).
TB.
Planche VI.

541 **Trébonien-Galle**. R⁄. Junon *martialis* assise à g. — GB (52).

542 **Volusien**. R⁄. L'empereur debout à g. — GB (97). TB.

543 **Postume**. IMP.C.M.CASS.LAT. POSTVMVS.P.AVG. Buste
radié. R⁄. FIDES MILITVM. Foi militaire (74). B. — Autre
exemplaire. — R⁄. LAETITIA. Galère (165). — Victoire
(383). — GB. 4 p.

544 **Aurélien**. R⁄. Aurélien et Sévérine se donnant la main. —
MB (35).

545 **Probus**. IMP.C.M.AVR. PROBVS.P.AVG. Buste lauré et
cuirassé à g. R⁄. CONSERVAT.AVG. Soleil debout. — Or
(178). TB.
Planche VII.

546 R⁄. Buste casqué à g., avec lance et bouclier. R⁄. L'empereur à cheval. — PB (37).

547 **Dioclétien**. **DIOCLETIANVS AVGVSTVS** Tête laurée. ℞.
CONSVL IIII. PP. PROCOS. L'empereur debout à g., tenant
le globe. — Or (46). FDC.

Planche VII.

548 ℞. **VIRTVS MILITVM**. Sacrifice devant une forteresse. — Æ
(516).

549 ℞. Génie du peuple romain. — MB (111).

550 **Maximien-Hercule**. ℞. **VICTORIA SARMAT**. Sacrifice devant
une forteresse. — Æ (548). TB.

551 ℞. **XCVI** dans une couronne. — Æ (696). FDC.

552 ℞. **PROVIDENTIA DEORVM QVIES AVGG**. Deux person-
nages debout (type de Coh. 478). — MB.

553 **Domitius Domitianus**. **IMP.C.L.DOMITIVS DOMITIANVS
AVG**. Tête laurée. ℞. **GENIO POPVLI ROMANI**. Génie
debout, avec l'aigle. — MB (1). TB.

Planche VII.

554 **Constance-Chlore**. ℞. **VIRTVS MILITVM**. Sacrifice devant
une forteresse. — Æ (309). B.

555 ℞. Génie du peuple, autel entre deux aigles. Monnaie. —
MB, 3 p.

556 **Galère-Maximien**. ℞. Victoire sarmate. — Æ (207). B.

557 ℞. **VIRTVS MILITVM**. Forteresse. — Æ (216). TB.

558 ℞. Génie du peuple. — MB, 3 p.

559 **Valérie**. ℞. Vénus victorieuse. — MB (2). TB.

560 **Sévère II**. ℞. Monnaie. MB (62). — **Maximin-Daza**. ℞. Le
même. — MB (148).

561 **Constantin le Grand**. ℞. **CONSTANTINVS AVG**. Quatre
enseignes. — Æ, Méd. (107). TB.

Planche VII.

562 ℞. **VIRTVS MILITVM**. Porte de camp. — Æ (706). TB.

Planche VII.

563 **Crispus**. **FL.IVL.CRISPVS NOB.CAES**. Buste lauré. ℞.
PRINCIPI IVVENTVTIS. Le César debout. — Or (88). B.
Rare.

Planche VII.

564 **Constance II**. R⁄. Les deux villes assises. -- Or (108). TB.

565 Var. avec **VOT XXXX**. Or (125).

566 R⁄. **SIC X SIC XX** dans une couronne, et autour : **GAVDIVM POPVLI ROMANI**. — Æ, manque à Cohen (type du n° 81). Beau style, poids : 3 gr. 30. FDC.

567 R⁄. **VOTIS XXX** etc. dans une couronne. — Æ (341).

568 **Julien II**. R⁄. Victoire à g. (58), **VOTIS V**, etc. (154. 157. 158). — Æ, 4 p.

569 **Valentinien Iᵉʳ**. R⁄. Restituteur de la République. — Or (24). TB.

570 Variété. — Or. TB.

571 R⁄. **VOT. X**, etc., dans une couronne. — Æ (73).

572 **Valens**. R⁄. Valens et Valentinien assis. — Or (53). TB.

573 **DN VALENS PF AVG**. Buste diadémé et cuirassé. R⁄. **VIRTVS EXERCITVS**. Guerrier debout. — Æ, Méd. (71). TB.
Planche VII.

574 R⁄. **GLORIA ROMANORVM**. L'empereur sous une arcade. — Æ, Méd. (9).

575 **Gratien**. R⁄. Gratien et Valentinien assis. — Or (38). B.

576 R⁄. Rome assise de face (56) et à g. (86). — Æ, 2 p.

577 **Valentinien II**. R⁄. Concorde (**AVGGGS**). — Or (4). B.

578 R⁄. Valentinien et Gratien assis. — Or (36). FDC.

579 Variante. Or. TB.

580 **Théodose Iᵉʳ**. R⁄. Concorde. — Or (9). B.

581 Variante. — Or (10). B.

582 R⁄. Théodose et Valentinien II assis. — Or (37). FDC.
Planche VII.

583 Autre exemplaire. TB.

584 R⁄. Rome assise de face. — Æ (1).

585 R⁄. **VIRTVS ROMANORVM**. Rome assise à g. sur une cuirasse. — Æ (58). B.

586 R⁄. **VOT X MVLT XX** dans une couronne. — Æ (68). Quinaire.

587 **Magnus Maxime**. **DN MAG·MAXIMVS·PF·AVG**. Buste diadémé. **R̷**. **RESTITVTOR REIPVBLICAE**. L'empereur debout, tenant le labarum. --- Or (4). TB

588 **R̷**. Rome assise de face. — **Æ** (20).

589 **Honorius**. Buste de face. **R̷**. Rome assise à dr. — Or (6). B.

590 Buste à dr. **R̷**. Honorius debout à dr., tenant le labarum. — Or (44).

591 **R̷**. Rome assise à g. (59); **VOT X MVLT XX** dans une couronne (65). — **Æ**, 2 p. B.

592 **Placidie**. **DN GALLA PLACIDIA·P·F·AVG**. Buste drapé. **R̷**. **VOT XX MVLT XXX**· Victoire tenant le labarum. — Or (13).

Planche VII.

593 **Jean**. **D·N·IOHANNES·P·F·AVG**. Buste diadémé. **R̷**. **VICTORIA AVGGG**. Jean debout à dr. **RV**. — Or (4).

Planche VII.

594 **Valentinien III**. **R̷**. Victoire à dr. — Or (19).

595 **R̷**. Croix dans une couronne. — Or (49), tiers de sou. B.

MONNAIES BYZANTINES

596 **Arcadius**. L'empereur à dr., posant le pied sur un captif. **ND**. — Or (Sabatier, type de pl. 4, 2). TB.

597 Autre exemplaire. — Or. TB.

598 ℞. Rome assise à g. — Æ (6).

599 **Théodose II**. ℞. Rome assise à g. — Or (6) FDC.

600 Variante. — Or (1).

601 ℞. L'empereur trainant un captif. — Or (4). TB.

602 ℞. Les deux empereurs, de face. — Or (2 var.). B.

603 ℞. Rome assise à dr. — Or (pl. 4, 30). B.

604 **Léon Iᵉʳ**. ℞. Victoire à g. — Or (22). TB.

605 **Zénon**. ℞. Victoire à g. — Or (18). TB.

606 **Anastase**. ℞. Victoire de face. — Or (27), tiers de sou. TB.

607 **Justinien Iᵉʳ**. ℞. Victoire de face. — Or (pl. 12, 3). FDC.

608 **Héraclius, Constantin et Héracléonas**. Trois empereurs debout. — Or (6). B.

---

609 Monnaies non cataloguées.

---

610 Médaillier en bois sculpté, style Renaissance. Le haut comprend 14 tiroirs (longueur. 44 centim.; largeur, 24 cent.). Le bas est divisé en deux parties contenant chacune 14 tiroirs (longueur, 28 cent.; largeur, 23 cent.). Hauteur totale, 2ᵐ 18; largeur, 86 cent.; profondeur. 42 cent.

Collection du Marquis DE TRAYNEL

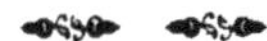

OBJETS D'ART

Ivoires — Bronzes

DU XVIIᵉ SIÈCLE

VENTE A L'HOTEL DROUOT

SALLE Nº 9

Le Samedi 4 Avril 1914

A 2 HEURES

EXPOSITION PUBLIQUE le Mercredi 1ᵉʳ Avril 1914, de 1 h. 1 2 à 6 h.

Mᵉ A. DESVOUGES | M. Henri LEMAN
Commissaire-priseur | Expert
26, rue Grange-Batelière | 37, rue Laffitte, 37

PARIS

—

1914

OBJETS D'ART

611 * Statuette équestre, du roi Louis XIII, en ivoire sculpté.

Il est représenté tête nue, lauré, les cheveux tombant sur les épaules ; revêtu d'une armure complète richement ornementée, sur laquelle est posé un col de dentelles et une écharpe en sautoir.

La tête est tournée légèrement vers l'épaule gauche, la main droite tient le sceptre, la main gauche levée tenait les rênes.

Le cheval est au pas, couvert d'un harnais fleurdelysé.

Le socle de forme monumentale en bois noir mouluré est ornementé de pilastres d'angles à têtes d'animaux et de quatre plaquettes sculptées en bas-relief représentant des batailles relatives au règne du souverain.

Sur la face de ce socle est aménagée une petite niche cintrée.

xviie siècle.

Haut. de la statuette, 0.23.
Haut. du socle. 0.26.

Voir planche VIII.

612 Statuette de jeune femme, debout et nue, les bras levés symétriquement au-dessus de sa tête. Elle repose sur la jambe gauche, la jambe droite est repliée et croisée en avant.

Ses cheveux sont relevés en chignon au-dessus de la nuque et une fleur est piquée sur le haut de la tête.

Ivoire, xviie siècle.

Haut. 0.21.

Socle rond en marbre sur base en bronze doré.

* N. B. Les numéros précédents concernent les monnaies antiques.

613 Statuette-applique, en ivoire sculpté, de Vénus nue, debout sur
une coquille, et deux figurines-appliques d'Amours au vol.
Ces trois bas-reliefs sont fixés sur une planchette de
velours rouge contenue dans un encadrement de forme
architecturale orné de pilastres et de plaquettes exécutés en
pâte sur fond de bois.
Travail italien.

Haut. de la statuette, 0.25.
Haut. totale,   0.64.

614 Statuette en bronze patiné, d'homme nu, la barbe et les cheveux frisés ; il est debout, en marche, la tête tournée de trois
quarts vers l'épaule gauche, la jambe droite avancée, le poing
droit sur la hanche, le bras gauche tendu de côté.
Ancien travail italien.

Haut. 0.20.

Socle à pans en marbre gris.

615 Statuette de Mercure au vol. Bronze patiné.
XVIIe siècle.

Haut. 0.18.

Socle rond en marbre rouge.

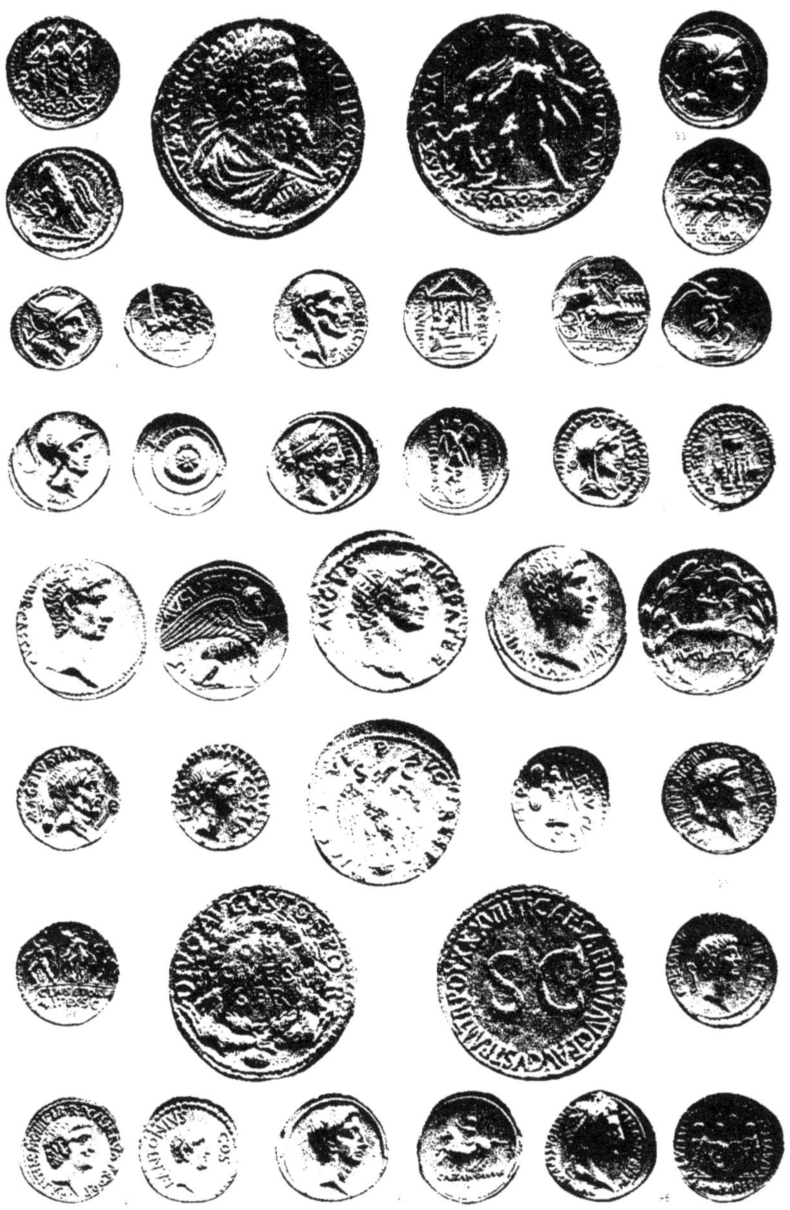

TRÉSOR DE TRAYNEL

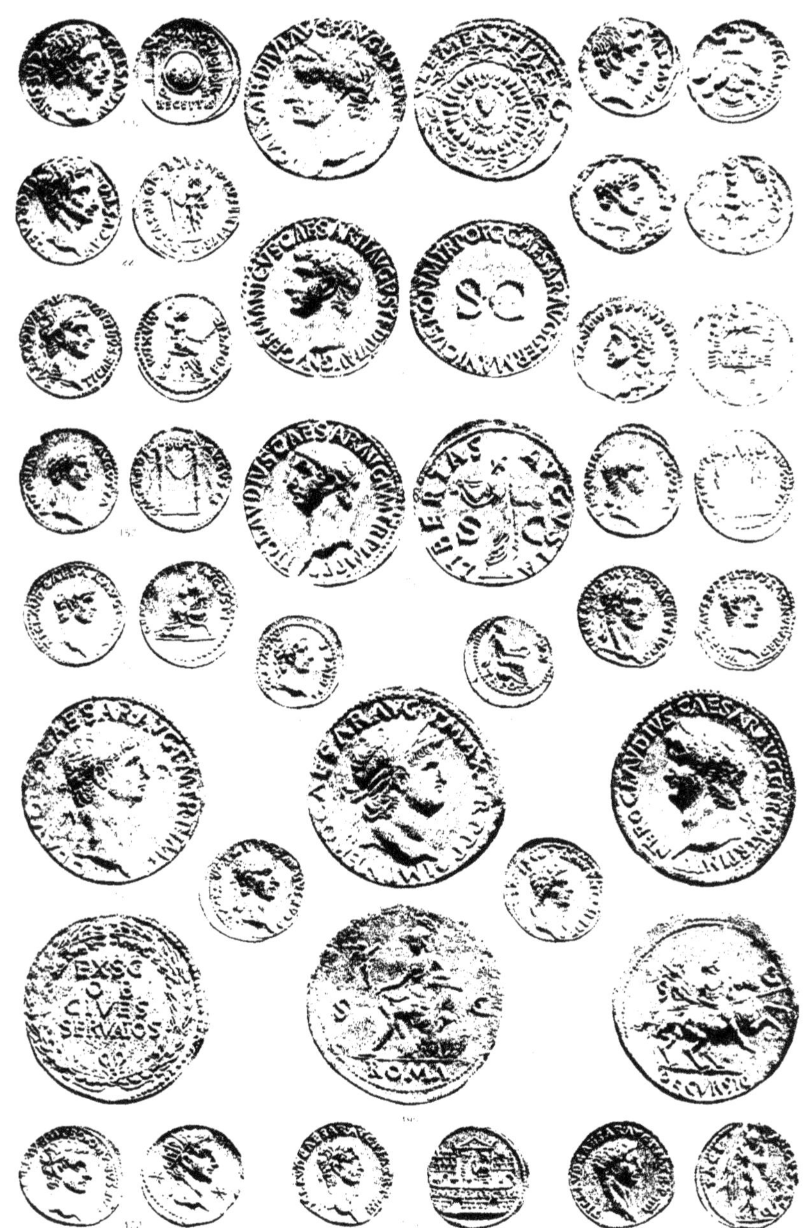

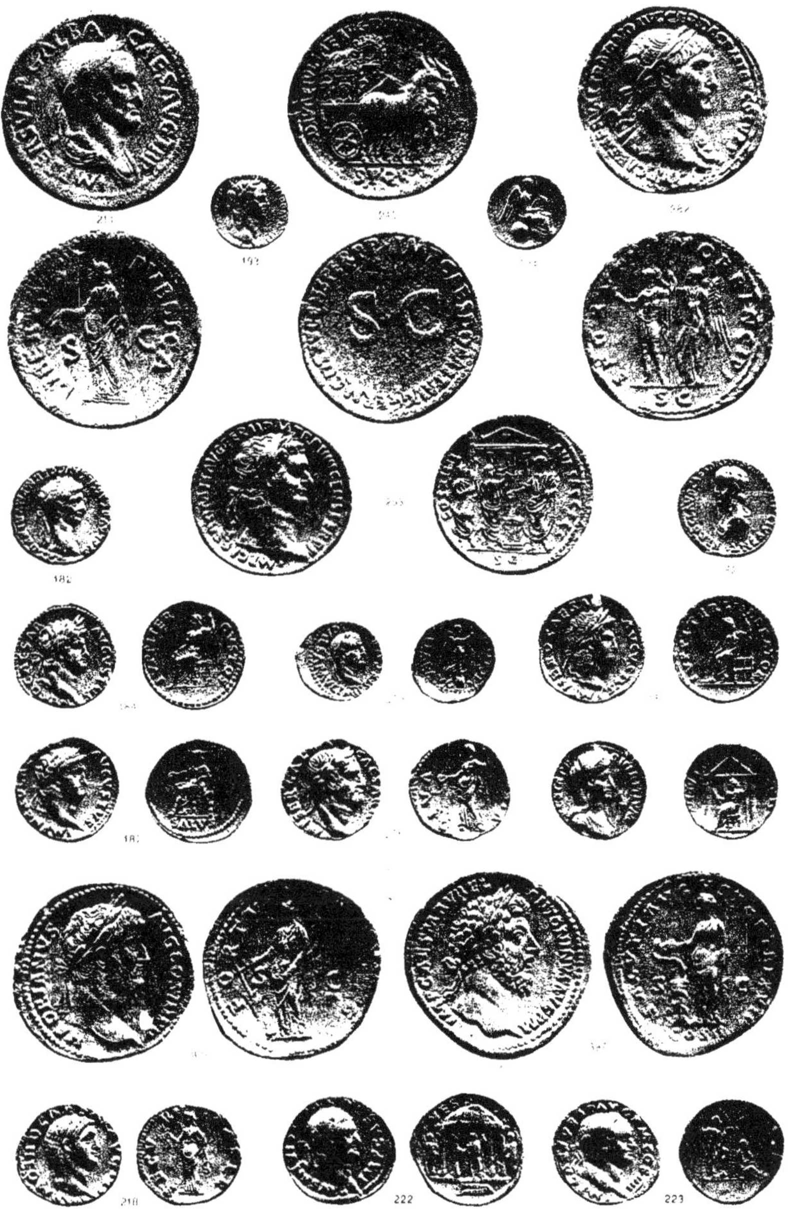

COLLECTION DE TRAYNEL

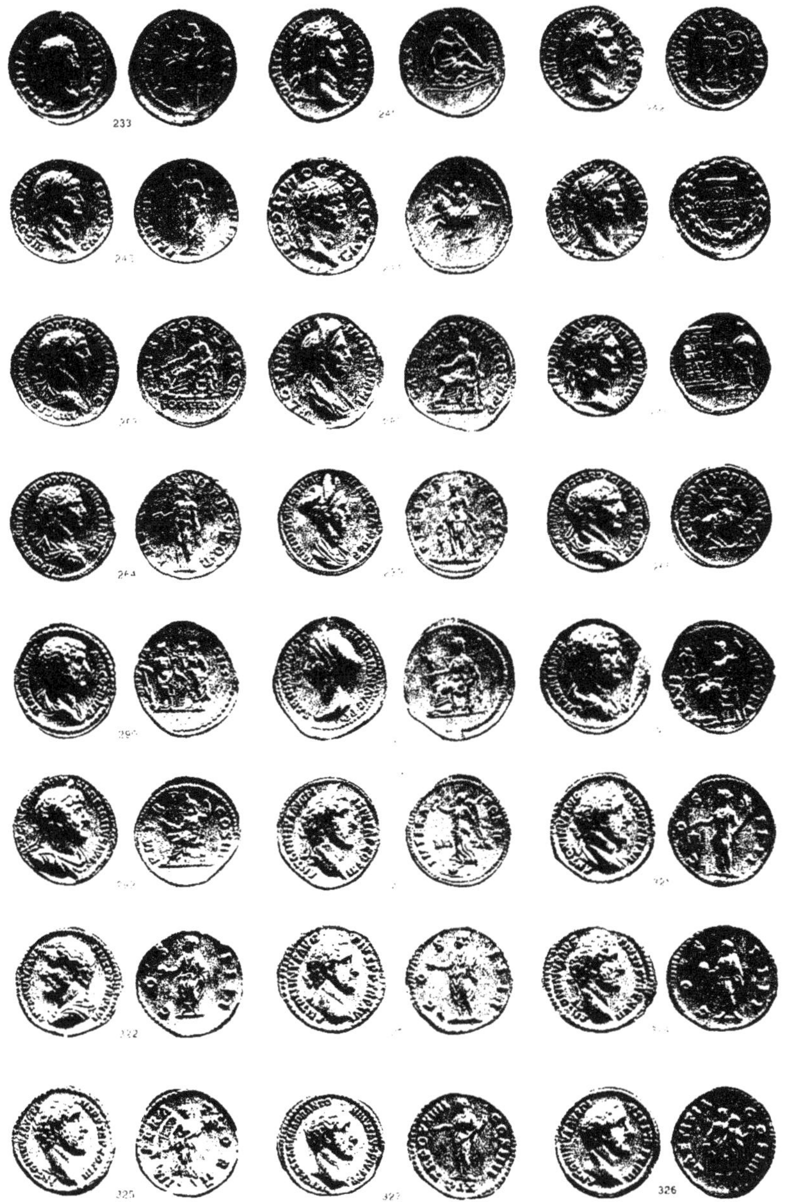

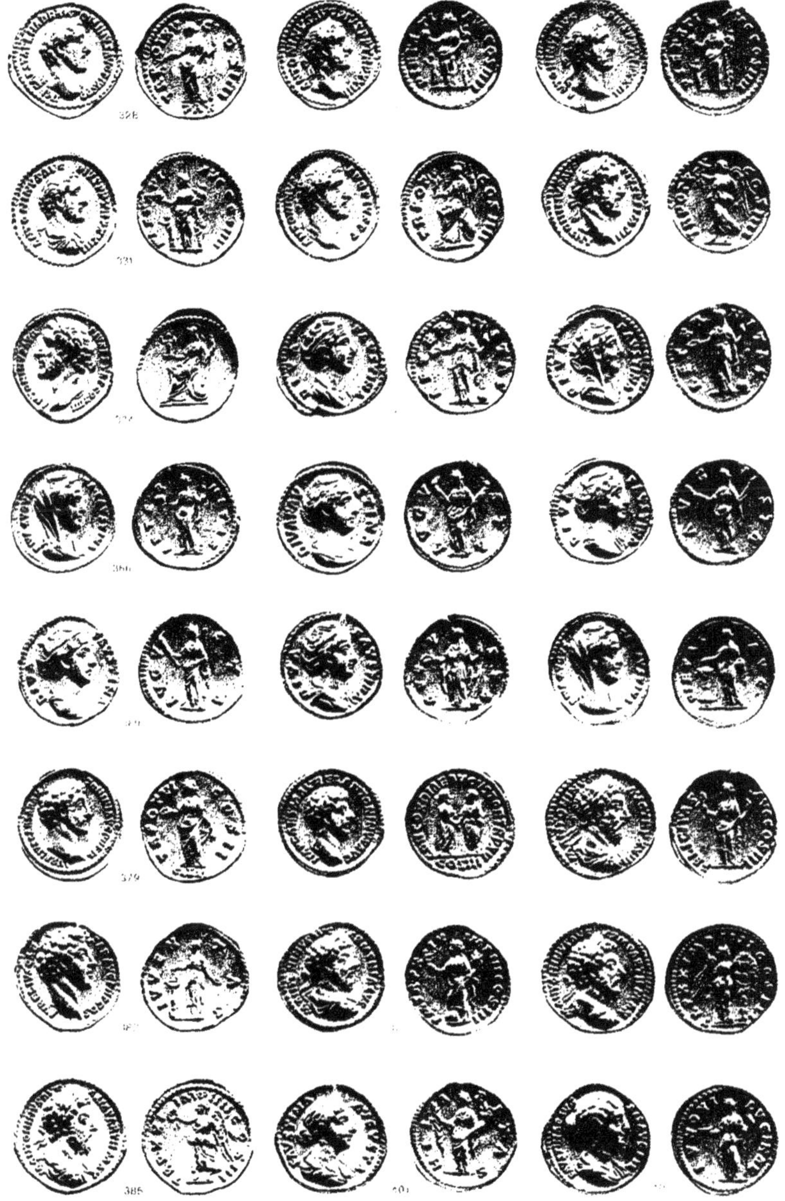

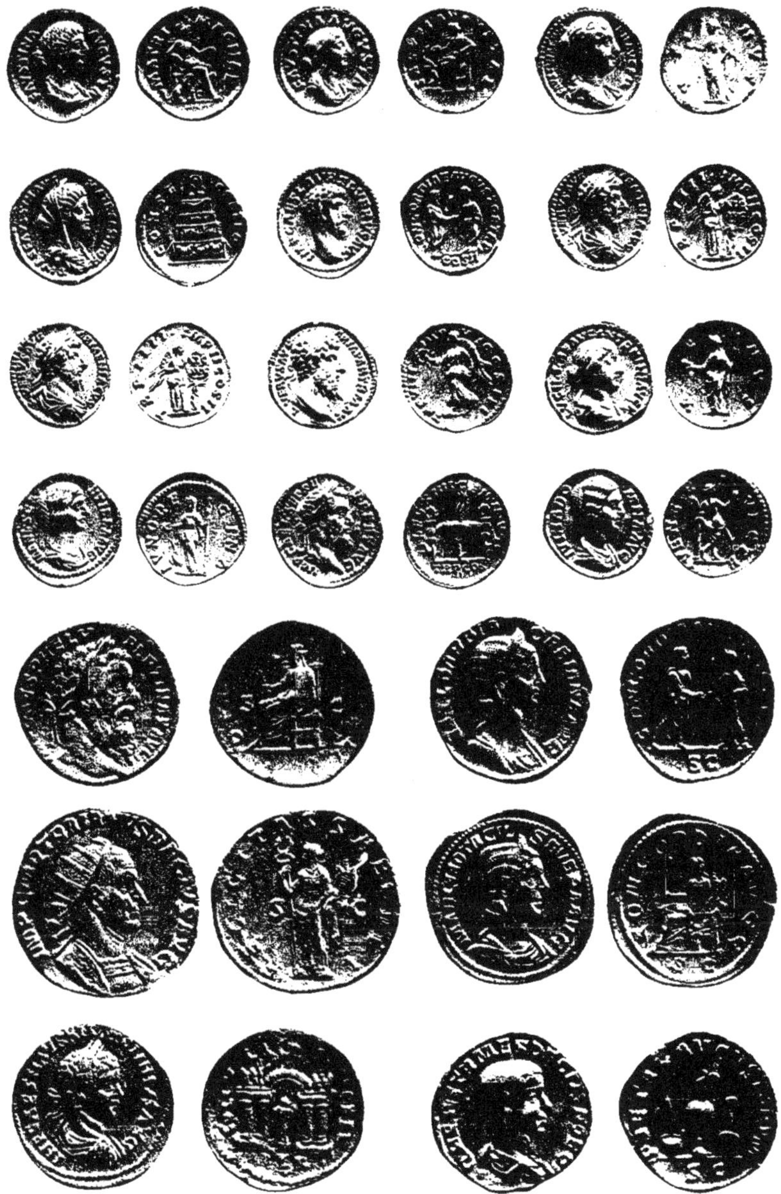

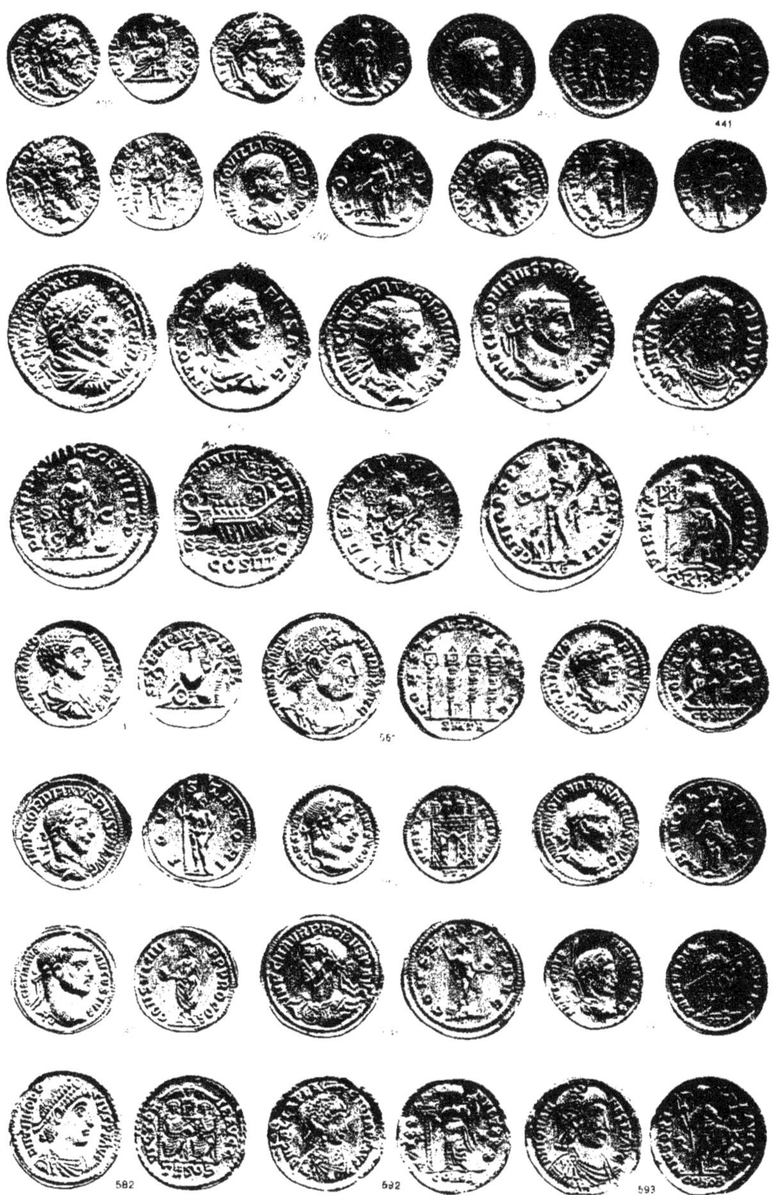

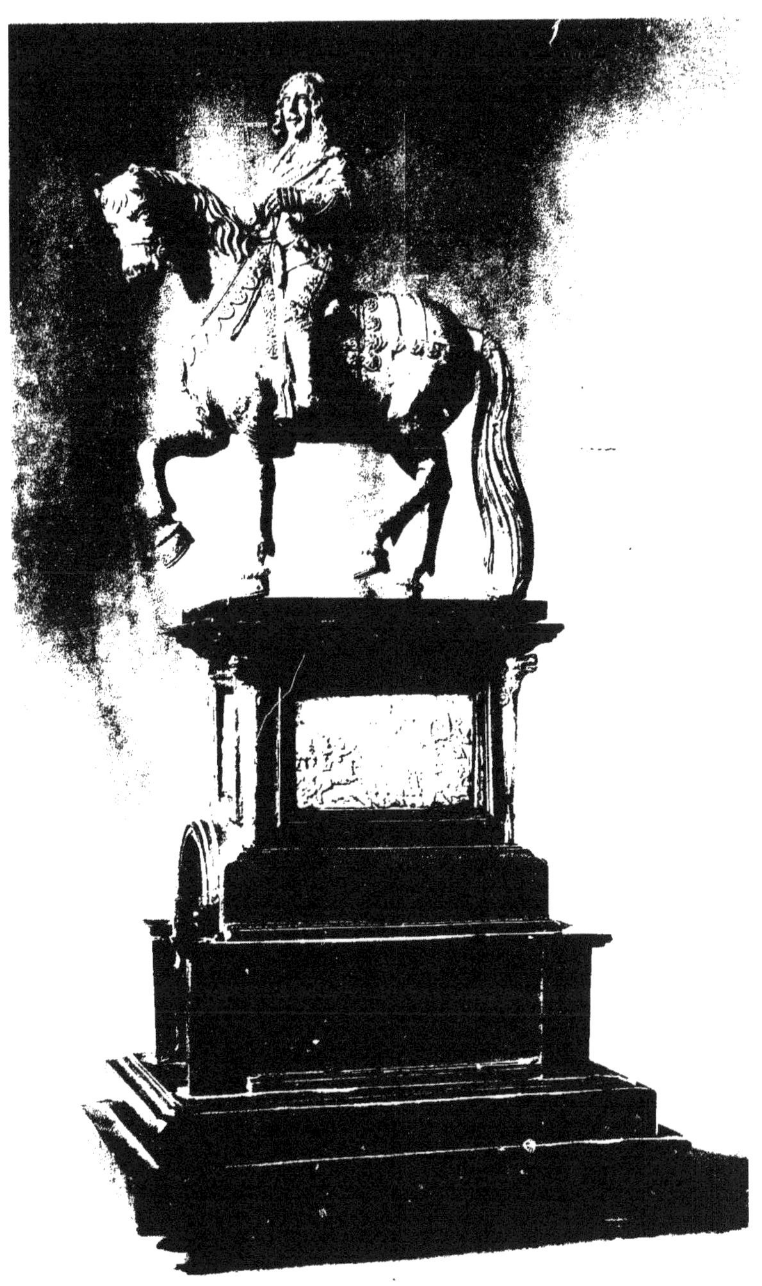

COLLECTION DE TRAYNEL